想說的話，輕輕說

送給台灣高中生的一份特別禮物

CONTENTS

推薦序　「教你大學生活如何過得精彩的好書！」／葉丙成　007
編者的話　傳承的初衷與使命／陳冠儒　011
◆從「我是誰」到把自己的名字變成「金字招牌」……政治系．張伊茹　015
◆給自己多一些可能，機會是留給準備好的人……數學系．蔡侑軒　022
◆生活作為一種志業，抵抗作為一種生活……社會系．張育萌　028
◆夢想未必成真，只是更清晰……中文系．楊聖緹　036
◆追尋自己，開拓未來之路……化學系．田皓寧　043
◆在大學裡找一張理想人生藍圖的三個領悟……國企系．李友婷　050
◆多方探索，勇於嘗試……國企系．廖珀翔　056
◆「行動」。讓世界記住你！……戲劇系．陳大為　062
◆放輕鬆，我們擁有無限可能……醫技系．楊晏棋　068

◆成功多半來自於機運和無意間……法律系・林彥廷 074
◆這是一條用熱情打造視野的長路……人類系・王彥鈞 080
◆我從堅持學到的事……化工系・趙予辰 085
◆不專業夢想家……在自己的時區裡，你沒有遲到……心理系・張茗筑 092
◆確立通往夢想的航線……日文系・謝景堯 099
◆青春與生命交織成的音樂之路……外文系・鄭丞宏 104
◆如果你是一個會不斷奔跑的人，請記得放慢腳步……生傳系・顏寧 110
◆擇|固執，沒有標準答案……材料系・楊青晏 116
◆跳脫框架勇於嘗試……跨領域的公共參與及社會實踐……法律系・何蔚慈 120
◆認識自己的侷限……物理系・詹雨安 126
◆看見使我們獨特的差異……社工系・高羽蓁 131
◆尋覓志向、回饋社會……社會系・徐連毅 136
◆成為一個安頓自己與世界的人……政治系・王勝貞 142
◆做自己生命的貴人……政治系・林至桓 149

CONTENTS

◆我想與你沏一壺茶，說幾句話……財金系・張凱鈞 155
◆跨領域改變世界……園藝系・王賢慈 161
◆跨出舒適圈外的世界……會計系・馬君儒 166
◆設計一個專屬的大學生活……資工系・江緯璿 174
◆找到屬於自己的成長催化劑……農化系・呂家驊 180
◆專業與興趣的抉擇……農藝系・謝孟婷 185
◆把自己當品牌經營……自我認同的課題……機械系・石芳翰 191
◆改變不一定成真，也可能不會持續發生……醫學系・蔡君弘 196
◆從台大醫到麻省理工我所學到的事……醫學系・姚俊辰 202
◆醫學與哲學：實用與無用的矛盾對決？……護理系・葉妮姍 208
◆夢醒後的三隻青蛙……土木系・蔡亞芸 215
◆雙向通行的專才……工海系・蔡定揚 220
◆高中時不認識的「農經系」，卻成人生路上的推進器……工管系・邱詠文 227
◆一個人生抉擇的故事……公衛系・廖士翔 234

◆有夢就去追—給所有害怕前進的你……牙醫系・曾柏鈞 240
◆如果我們把線鬆開，就能畫出更大的圓……財金系・林洛安 245
◆留給大學新鮮人的一張小抄字……財金系・胡程維 251
◆輕輕告訴我，花開是什麼顏色……園藝系・陳明陽 259
◆上大學的墊腳石……經濟系・鍾佳新 265
◆行則將至，關鍵在「推」……經濟系・顏瑜萱 270
◆念大學，做音樂……經濟系・羅紹恩 278
◆走在自己的路上……資管系・林楷翊 284
◆最困難的，是從領導自己開始……電機系・藍珮瑜 289
◆拿好自己的羅盤……圖資系・陳家荷 295
◆世代間的鴻溝：如何溝通與探索……歷史系・楊勝斌 302
◆突然的挫折可能是轉變的契機……獸醫系・陳秉妤 307
◆當個拓荒者……夢想與科系是兩條線……護理系・王奕勻 312

推薦序

「教你大學生活如何過得精彩的好書！」

台大電機系教授／葉丙成

「葉老師，我進來以後才發現這科系不是我真正要的，唸得好痛苦。但我也不知道真正適合我的到底是什麼？怎麼辦？」每年台大都請我為大一的學生做兩場新生講座。每年演講結束，都會有很多學生在講台前圍著我問這個問題，每次都有學生講到哭。

為什麼會這樣呢？

許多同學在高中，過著目標非常明確的生活：為考上理想的大學努力三年！放榜的那一刻，看到自己真的考上心目中理想的大學科系，目標達成！心裡充滿著歡喜。在當下人生看起來是如此的光明，如此的充滿希望！但一進到大學，沒多久就會有學生開始出現焦慮、或迷茫、或無力；更甚著，或放棄。教育部的數據顯示，台灣已經連續第二年大學生休退學人數超過九萬。平均每四個大學裡的學生，就有一人休退學。這樣的數據實在非常驚人。

到底出了什麼問題？

原因在於大多數的高中生，只把「考上大學理想科科系」當作目標，卻沒有好好的了解唸大學這回事。到底在大學裡要做什麼？如何在念大學的時候找到自己的志趣方向？如何在大學精進自己的能力？如何在大學建立自己的人際網路？如何在大學幫自己準備好面對未來的職涯……？這種種的問題，都是高中生畢業後進大學後會遇到的，但從來沒有人好好的跟他們說該如何面對！

高中老師或家長，念大學都是二、三十年前的事。當時跟現在的大學的生態，全然不同，以致於無法給孩子什麼建議。而大學教授們在繁重的研究、教學、服務等工作的壓力下，無法常常跟學生分享這類的經驗。因此當學生一進大學，往往也只能問大他們一、二屆的學長姐的經驗。只是這些學長姐自己也才剛進來大學一、兩年，對於「大學怎麼過」也是懵懵懂懂。他們能給學弟妹的幫助跟啟發，實在很有限。

那該怎麼辦？同學從高中時期目標清楚專一的生活，踏入充滿自由但無人告知他該怎麼過才「對」的大學生活，要如何才能不迷茫、不焦慮？

這本好書便是最佳的解方！很高興看到這本書的問世，書裡有五十位來自不同科系、即將畢業的大學生，每位都是各系學弟妹公認在大學過得很充實、很精彩、很有自信、很有影響力的學長姐。同樣都是大學生，究竟他們是如何度過這四年的？他們在社團、戀愛、學術、實習、交換等各種事物中，是怎麼決定選擇？怎麼探索？怎麼投入？最終又是怎麼確定自己的未來志業？答案，全都在這本書的五十個故事裡。

更可貴的是，這五十個同學不是只談自己的「成功」，許多人也分享了初入大學時無所適從的生活所導致的迷茫；進而談到自己是如何走出那無力感與罪惡感交織的狀態，重新找回自信、找到方向。這五十個同學的生命旅程都不相同，但相同的是他們都極富熱情！這正可以讓剛進大學的同學們知道，不管在大學裡你決定要追求什麼（社團、戀愛、實習、學術、交換等等），任何選擇都沒有對錯，只有在於自己是否有熱情。只要有極大的熱情持續下去，通常都能過得很充實。

這是一本非常棒的好書，能幫助剛進大學的同學重新檢視自己的大學生活，並幫助你思考自己真正要的是什麼。五十位同學的真實經驗分享，彌足珍貴。我極力推薦給每一位大學生及大學生的家長。希望這本書可以幫助更多迷惘的大學生找到自己的熱情，減少更多無動力的學生！我更期待五年後商周是否能請這五十位再寫一本進入職場後五年的新體悟，那將會是非常有意思的系列好書！

編者的話
傳承的初衷與使命

計畫發起人暨總召集人／陳冠儒（台大外文四／高雄市私立立志高中）

在台灣長期填鴨式的教育制度下，莘莘學子往往能在高中時期奮發猛進，只是一旦上了大學，卻像頓時燃盡生命能量，不知該如何面對人生新階段。年過一年，每一屆的高中生都帶著更加負重的徬徨感與無助感入學，因為早已忘記如何傾聽自己內心真正的嚮往，儘管面對大學生活的多種選擇，仍對於眼前的未來毫無想像。最後只能在眾多選擇與誘惑中迷失自我，在充滿困惑及未知的道路上踟躕不前，也因此，當面對生活中更多迎面而來的不確定性時，多數人被迫或選擇迷茫。

同樣感到無力的，還有家長。多數時候，家長會花費大把心思與時間陪伴小孩挑選科系，並且在無數親友意見加持下合理化桌上僅有的選擇，這沒有不好，只是當家長看似功德圓滿地將小孩送入了生命的另一個多元的階段，可是心中對於小孩在大學本科系之外的多元發展可能性，仍舊抱持保守及刻板的態度看待時，看著孩子迷惘，內心只是更加擔憂不捨。這樣的現象尤以北部以外縣市的狀況更是嚴重，編者及作者群猜測可能的原因有二：其一為世代的生命經歷較不同，反而難以切身聆聽與共感；其二為資訊渠道不足，因而難以相信在跳脫原有就讀的科系後，自己的孩子能夠因為興趣或其所熱愛的事物而立足於社會。

鑒於眼前的種種問題，一項特別的書寫計畫應運而生。自二〇一八年十一月啟動，經歷八個多月、共兩百四十多日子，在幾番波折後，計畫終於寫成了書。

本書是台大自創校以來，第一次由在學青年發起並共同書寫的經驗傳承計畫，旨在透過邀請來自四十個科系、橫跨十個學院的五十位台大學生，書寫整理這些年來的生命故事，與全台灣的高三應屆畢業生進行一場「由九五後與兩千後的經驗對談」。

期盼透過這份傳承，全台高中生能夠在這些故事裡，於台大高年級學長姊所走過的道路上、經歷的教訓裡及汲取的經驗中獲得啟發與學習，為自己即將到來的大學生涯做好調整及準備；亦期盼全台灣的家長都能在因為看到這些故事裡頭的轉折與堅持後，進而相信在這個充滿變化的時代裡，每個孩子都有自由且多元發展的價值與可能性。

雖然這本書的每一位故事擁有者最多也才一隻腳踏進社會，但我們都已在路上、蓄勢待發。如同上一段所言，在這個充滿變化的時代裡，我們或許都該勇於提燈，照亮這一代人的同時，也為後輩點燈。誠如台大財金系陳嫦芬教授時時提點青年學子的「一代人的品質影響一代人的命運」的重要性，我們明白，每一代人都有每一代人的責任。

最後，我想感謝文字，感謝文字讓我們相遇，相遇在我們即將步入社會、而你們即將踏入校園之際，讓我們在不同的時空裡能一起勇敢地將時間走慢，勇敢地在參照裡學習、在反思中成長。

我也要特別感謝投身此次書寫計畫的編輯群：法律三李慈萱、社工三許雅琦、經濟二吳佳珮、政治二劉若鏡、法律二林唯中；謝謝妳們選擇相信傳承的初衷而加入，以不同年級視角的觀點給予真切寶貴的建議、用文字的力量拉近作者群與高中生的距離，讓這本書即使歷經無數修正仍保有最純粹的樣貌。

除此之外，我更要特別感謝當初每一位答應投入書寫計畫的作者，謝謝你們願意再次拾起人生中的某些片刻，在重新梳理後，把經驗及教訓交給更多的準大學生。少了任何一個你們，就沒有這本書的誕生。當然，我也感謝商周出版看見我們，謝謝陳美靜總編輯及張曉蕊副總編輯認同此次計畫的初衷，也謝謝商周出版團隊後續為此書所做的種種努力。

最後的最後，我想感謝每位正在閱讀並恰巧翻到此頁的你，謝謝你願意佇足聆聽，聽我們把想說的話，輕輕道出。謝謝你們。

二〇一九年五月二日 午後 筆

從「我是誰」到把自己的名字變成「金字招牌」

政治系
張伊茹
高雄女中畢業

我是張伊茹，畢業於高雄女中，目前就讀國立台灣大學政治學系國際關係組雙主修經濟學系四年級。在高雄燦爛溫暖的陽光下成長茁壯，陽光、開朗、健談就是我的代名詞。我喜歡讀書、喜歡思考、喜歡交朋友，最喜歡受到啟發的「亮燈泡」時刻和啟發別人的「小太陽」時刻，感恩所有愛人與被愛、接受與散播溫暖的福分。未來，我期望能投入國際組織及社會顧問產業，實現回饋家國社會、經世濟民的理想。

如何認識「我是誰」：追逐標籤的跌跌撞撞

回首高中時對大學生活的想像，再一一細數自己大學生涯至今走過的足跡：進入台大政治系和經濟系以來，藉由政經理論學習和時事議題分析，我在「以公共事務為己任」的雞婆正義感之上，鍛鍊出邏輯思辨及分析的能力，確立我對國際政治經濟發展領域的志向，實為學我所愛、愛我所學；同時，政治系及經濟系如同「滿滿的大平台」，是我最堅實的資源後盾，使我有機會爭取到許多探索和鍛鍊自我的活動、社團及國內外實習經驗。現在的我，或許並未讓高中的自己失望。然而，我卻始終不忘提醒自己並時時感恩，今日我所擁有的點滴從容自信，是由多少踉蹌中不懈的努力、成功的狂喜、失敗的劇痛、親友的陪伴及師長的提攜所灌溉而成。

仍記得剛升上大學時，我對生活中嶄新的一切機會與挑戰都感到如此雀躍，大學之於我簡直就是美好到難以言喻的烏托邦：校園裡滿是挖不盡的資源寶藏、耳邊充斥著吸引人的社團招生和活動資訊、身邊滿是有趣又才華洋溢的新朋友、每堂課上教授們各懷深厚學問準備傳授給我們……大學的新生活果然如高中時和好友們共同憧憬的一樣精彩美好！然而，升上大學的蜜月期很快就過去了。緊接而來的是令人措手不及的大小考試、報告、活動和校外事務，在我還未回神思考自己究竟擁有多少時間、多大能耐，或想要怎樣的自己、怎樣的生活時，我早已被排山倒海而來的學業、活動及工作碾壓得喘不過氣。

我仍記得，在大二、大三那段最迷惘低潮的時期，每當有親戚朋友滿臉狐疑問道：

「念政治系可以幹嘛？你以後要選議員哦？」或左鄰右舍滿臉躍躍欲試地挑戰著：「中美貿易戰對台灣有什麼影響？你念經濟系應該知道的吧？」又或者當面試實習時老闆問道：「你覺得自己有什麼讓我非錄取你不可的理由嗎？」我總會被各種他人賦予我，或我自認為應承擔起的標籤強逼上陣，表面上虛張聲勢地自信從容應對，暗地裡卻愈加失去對自我價值的肯定。過多的標籤和頭銜是一針針麻醉劑，在眾人面前給予我光芒自信，在獨處時卻以茫然無措的自我懷疑將我擊潰，讓我在每個得到肯定和榮耀的時刻擔心失去、在每個跌倒和鎩羽而歸的挫敗裡害怕每下愈況。每個日夜裡，我患得患失地思忖著該如何成為更好的自己。

用勤奮、誠信、修身撕掉人們眼中的標籤

所幸，這些自我懷疑和焦慮在某次與我的大一國文啟蒙老師相聚後煙消雲散。陳老師在國文閱讀、書寫及思考上有極深造詣，她所教授充實飽滿的人文知識及對班上同學的關懷，都對我在大學的學習、閱讀、人文關懷和思考有著深遠正向的影響。與陳老師的相聚，使我想起她在課程結束時送給我們的一番話：「祝福你們，成為更好的自己。所有的愛，都比不上因著自身存在的體認而接受自己的愛，因為這樣的接受不是虛假的承諾，是動態的過程，是你們在世界裡行動、見證與實現的能力。」我再次感受到，老

師是將自己對生命體會的反芻，以溫柔的祝福包裝，遞交到了我的手上，讓我更勇敢地認識自己的存在，實踐自己的價值。再次思考老師的一席話後，我開始追本溯源地從我的成長過程中摸索：在拿掉所有學歷、經歷、甚至是興趣、夢想的標籤後，實心的自己是什麼模樣、擁有什麼品質？

於是，我拋開一切對自己既有的印象，以陌生人的視角，在腦海中開始了一趟自我回顧之旅，重新「從心」認識自己。國小時，在各懷才華的同學當中，即便我是平凡到會被淹沒於人海之中的低存在感乖寶寶，卻依然有幾件格外深刻難忘的事，使我養成勤奮做事、善盡本分的品格：低年級時，我被班上同學選為掃地小天使，也就是日常班級整潔工作做得最認真賣力的孩子；中年級時，我是班上的門窗長，顧名思義，就是每日上學時要早早到班上開門窗，放學時檢查門窗妥當鎖上、晚於同學之後才離開的門窗小尖兵。升上國高中後，我開始在本分之上勇敢挑戰自己，並在一次次人際互動之中，陶冶出我誠信做人的品格：國一時，壓抑著內心期待又不安的心情，自告奮勇擔任班長，從只懂傻傻地熱心盡責，慢慢練習表達和溝通、服務和承擔，成為我初識「領導」的啟蒙經驗；高二時，我被各校代表推選為高雄市跨校學生聯合會會長，與超過三十位互不相識的夥伴合作，組成擁有絕佳默契和信仰的團隊，圓滿地協辦超過八百位亞洲各國師生共同參與的「亞洲學生交流計畫」。升上大學後，我在各種機會和挑戰之中踉踉蹌蹌，跌跤跌得又多又慘：我申請雙主修經濟系，第二年才通過；爭取成為APEC青年之聲的中華台北代表，第二年才吊車尾成功；申請赴美訪問研究獎學金，甚至滑鐵盧兩次，第三年才達陣；實習和擔任系學會幹部期間，更是充滿考驗和挑戰，使我在許多個日夜裡煩惱著、思考著解決問題和突破自我的方法，卻是一回回的挫敗，鍛鍊出我努力修身的性格和愈挫愈勇的韌性。這些全都不是履歷表上最耀眼的經歷，甚至有點青澀、有點傻里傻氣、有點漏氣，但這一幕幕全都提醒我在成長過程中所獲得的無數感動和養分。那是許久以來，我終於再次感受到自己立體生動的性格和獨一無二的價值。

我才發覺，我過去所相處過的每個人、所承擔的每份責任、所遭遇過的每個挫折、所經歷的點點滴滴，都成為我的性格和氣質的一部分，都是形塑我成為「張伊茹」的過程。真正重要的從來不是每個經歷帶給我的標籤，而是它們賦予我的品格、能力與內在價值：掃地小天使的榮耀肯定我勤奮努力的服務；門窗長的職務培養我一以貫之的責任心；擔任班長和高雄市跨校學生聯合會會長的機會鍛鍊我獨當一面和團隊合作的領導力；屢戰屢敗、屢敗屢戰的馬拉松式挑戰，讓我從得失心重的小草莓蛻變成愈挫愈勇的小烏龜。原來我不過是個傻人、愛做事的人和愛做夢的人；原來我真正追求的模樣是勤奮處事、誠信待人、努力修身的自己；原來我所嚮往的成功，是能夠不斷挑戰和實現自我、服務他人及回饋社會的未來。

標籤、頭銜、他人的眼光，使我習慣以過於平面的方式掂量自己的價值，不斷在保持既有的標籤或追逐新標籤的浪濤裡患得患失，而忘記成長路上所有不知名的努力、汗水和淚水，才是澆灌我成長的養分。唯有撕掉附著於我們身上的標籤，才得以坦誠地認識「我是誰」，理解自己的平凡與獨特、光榮與自卑、善良與邪惡、長處與短處、潛能與弱小，自在地與所有面向的自己和諧共處，坦然且踏實地邁向自己所定義的自我實現。透過重訪自我，我喚起自己選讀政治系和經濟系的初衷、對大學殿堂的憧憬和對未來的自我期許——而這些最純粹的念想，全都無關乎標籤和頭銜，無關乎與他人較勁孰優孰劣的排名。其意義與精髓，只在於體認自身存在的價值而接受自己，忠於自己作為獨一無二的個體所展現的獨特性，及如何在行動和實踐的過程中塑造自己的品牌，將這個獨特的自己打造成「金字招牌」。

與其羨慕，不如自己就成為那樣的人

還記得某次回母校分享時，有位學妹曾問我：「要怎麼像學姊一樣又會讀書又會玩？」當時，這個問題使我語塞。其一在於，我並非又會讀書又會玩，充其量是隻愚鈍但肯慢慢爬的烏龜；其二在於，與其要像我或像任何人一樣，不如自己定義想要的「階段性成功」是什麼模樣，其背後真實的價值與意義是什麼，努力實踐。因此，要回答這個問題之前，必須先釐清其關鍵：「你所嚮往的自己是什麼模樣？是『又會讀書又會玩』，或是擁有什麼樣的品格、能力和價值？」例如，讀政治系的我期望擁有批判思考和邏輯思辨的能力，讀經濟系的我期望擁有判讀數據背後經濟意義的能力，作為團隊成員的我期望同時擁有領導力和跟隨力（followership）等等。凡事若能如此，思考自己每個決策及標籤背後所帶來的真實價值與意義，便稱得上是忠於自我、用心生活，則所謂的成功（讀好書、考好大學、找好工作，諸如此類云云）也必將相形遜色，是否能「又會讀書又會玩」也就不是最重要的了，只因將自己打造成一個撕去所有標籤後，依然擁有可貴品格、能力與價值的「金字招牌」，早已是最大的成功。

期許我們都能將自己的名字打造成獨一無二的「金字招牌」。

（謹以本文獻給我的父母，以及在天上的爺爺）

給自己多一些可能，機會是留給準備好的人

數學系
蔡侑軒
新竹高中畢業

我是蔡侑軒，來自苗栗縣頭份市，畢業於新竹高中數理資優班，目前就讀台大數學系四年級。認真負責、企圖心強，是我的特質，在團隊中我通常擔任領導者。

基於對數學的熱愛、認為數學很美，繁星推薦時，我毅然決然在志願序上僅填寫台大數學系。大一甫入學，系上必修的微積分在我一帆風順的學習歷程中，投下一顆震撼彈。每週課後，我需要花三小時以上理解課程、十小時以上完成作業，期中考甚至需要考八小時以上，這只是一科必修微積分而已。我的成績並不差，但在前面有一群我永遠也追不上的人，我以為他們之所以優秀，單純是因為很聰明，後來我發現除了聰明之外，他們的生活扣除基本作息，幾乎都填滿了數學。

比我們聰明的人很多，所以我們要更加努力。我投入愈來愈多時間，然而他們的學術成就我難以企及，因為一個人的時間有限。這並不是我想要的生活。

社團生活，跨領域發展的啟蒙

高中沒有社團經驗，再加上自己喜歡唱歌，即便數學系的課業繁重，我仍挑了一個音樂性社團加入。那個社團是「流行音樂歌唱社」，我大學最好的朋友們，幾乎都在這裡。在社團裡，我可以放聲高歌，做我自己，沒有包袱，也沒有壓力。大一下學期，擔任「流行音樂歌唱社」公關宣傳部員，雖然只是一顆小螺絲釘，但我很享受投身於拉贊助及宣傳活動的時光，還有團隊努力達成目標的向心力。因為太愛這個地方、這裡的每個人，同時還想增加社團活動經驗，大二時我接任了「流行音樂歌唱社」社長。

擔任社長期間，除了社團營運管理外，我也與所有幹部合作規畫活動，過程中發現我很喜歡與人溝通、合作，其中公關宣傳部的業務，我參與最多。從線下到線上、從沒預算到有預算，我幾乎參與了每一個行銷決策，遇到不懂的地方就上網學習、請益他人。在這日新月異的世代，不汲取新知就是退步，在行銷領域尤其明顯；拉贊助也是愈拉愈大、合作對象愈來愈有名，除了學習到如何撰寫提案企畫書、開發商業名單外，面對面洽談合作也是場磨練，而過程中與企業的關係管理，更是難能可貴的經驗。

從怕生怯場，到侃侃而談，這是我的蛻變。每一個成功的行銷專案、每一筆成功的商業合作，我都獲得滿溢的成就感。

為了增加自己在行銷、商業合作的經驗值，並強化領導及跨部門合作的能力，我毛遂自薦至台大學生會擔任公關部長。在組織運作層面，我體驗了對上、對下、水平溝通，並且深刻體會決策的重要性；在公共關係層面，我學習到品牌形象塑造，以及對外關係管理；在行銷層面，我擁有更多發揮空間，有資源且有能力發想並執行提案；在商業合作層面，我研究出一套有邏輯的執行方法，帶領部員不斷地嘗試與修正，成功在三個月內爭取到超過新台幣一百萬元的金錢贊助。在學生會內，我擁有更大的舞台，並且更加確信自己對於商管領域的興趣，尤其是行銷及商業合作。

有捨有得，關於未來的決策選擇

如前文所提及，一個人的時間有限。我在流行音樂歌唱社、台大學生會的成就，是犧牲一些數學系的學業成績換來的，這樣值得嗎？我思考了兩件事，分別是「在數學系中想獲得的東西」以及「大學成績對我的重要性」。我喜歡數學、想了解並學習數學，在滿足這樣的前提之下，將數學知識深深記憶在腦海中、花很多時間思考並鑽研題目，以換取優異的成績，對我來說並不重要。從六十分成長到八十分，我可能需要花五小時，但從八十分成長到一百分，我可能就需要花二十小時，而我選擇將這十五小時的差距，拿去做其他事。

活了二十一年，我做過很多決策，比如這份考卷怎麼寫會得高分、怎樣帶領團隊可以最快達成目標，那我自己的未來呢？我意識到該好好思考、好好決策關於我的未來。

數學與商管都是我的興趣，在我心中沒有高低之分，然而我於數學領域中佔有的優勢、獲得的成就感，不如商管領域來得高。我相信自己可以擔任不錯的數學家，但我認為我更能夠成為傑出的商人。社團活動帶給我的實務經驗，儘管可以成為佐證能力的武器，心中仍感到不踏實，因此在大四時我修了許多商管領域課程，尤其是行銷、策略、經濟。升大四的暑假，我很匆促卻堅定地決心推甄商管領域的研究所。我的字典裡沒有「來不及」，只有「做不做」。不到三個月的時間，我很有信心地準備書面資料和面試，成功推甄上台大國企所。

在修課、準備研究所的同時，我仍積極爭取實習機會，畢竟在社團與企業中的實務經驗，必定不同。在推甄上研究所前，我已經擁有三個實習經驗了。透過學習、實習，反覆確認自己的興趣，並在過程中增加自信心。適不適合某個領域、某個產業，常常需要透過一些經驗來證明。大學的系上生活及社團活動，驗證自己比較適合商管領域，而在企業實習，讓我在出社會前先了解部分產業生態。不同領域，對於你的能力及經驗會有不同要求，以商管領域為例，我深刻體會到「經歷」是一層疊一層，愈豐富的資歷愈能夠帶你去你想去的地方。對新鮮人來說，這裡的「經歷」包含學歷、社團、實習、工作。

發散探索，收斂目標，充分準備

無論你是否已有明確的校系選擇、無論你對於這樣的選擇是否滿意，我都鼓勵身為大學新鮮人的你，多多去經營課業外的生活、開拓自己的視野。不只是社團活動、實習工作，休閒娛樂、體育藝文、社會公益、國內外交流等，你都可以去嘗試、去體驗。大學生活，很可能是你在出社會前可以奢侈揮霍的時光，趁這四年的青春歲月好好享受、好好探索吧！未來的路，是由你自己開拓，在開拓前，不妨給自己多一些選擇。

當你確立選擇後，你可以替自己設立目標，並列出為了達成目標所需培養的能力，然後依這個方向邁進。這個選擇、這個目標，是可以隨著探索成長、社會環境、自身狀況而調整的。如果有一天，你發現當初的選擇是錯的，也請你不要責備這一路上努力不懈的自己，因為不同的時空背景下本來就可能做出不同的選擇，現在的懊悔也無法改變任何事情。給自己多點空間與信心、多跟其他人聊聊，讓自己思考多點面向。有時你心中已經有想法，只是需要喝幾口心靈雞湯。喝完後，就調整步伐，調整完步伐，就繼續向前走吧！

機會是留給準備好的人，當你充分準備並緊抓機會，成功之路便離你不遠了。

生活作為一種志業，抵抗作為一種生活

社會系
張育萌
延平中學畢業

「當你真心渴望某樣東西時，整個宇宙都會聯合起來幫助你完成。」這是高中上補習班時，補習班老師高偉跟我們說的話。

開門見山，我的故事大概會是給不愛讀書的你、給想改變一些什麼的你、給半隻腳踏進大人世界，卻仍困惑這究竟是不是自己想要的你。

我想試著用我半短不長、二十二年的歲月，講一個怎麼讓自己面對成長，逃跑得像在追逐，狼狽時還能笑出聲音的故事。

開頭適合來個浮濫的自我介紹，「我是誰？」這個巨大的問題，很難用我現在讀什麼、在做什麼來回答，但沒有過去那二十二年驕傲放縱又迷惑懦弱的我，也不可能有現在的我。

此刻，我是個台大社會學系四年級準備畢業的死大學生。

高中之前，人生大致沒什麼風雨，小學市長獎畢業，國中跟著姊姊去讀了延平。延平是私校——我是需要人盯的孩子，從小放學就在安親班寫完功課才能回家，國中剃了平頭、繫上皮帶、衣服紮進褲頭，才能走進校門。

成長於台北市信義區的平房，我小時候是生詞簿只要沒有拿到「甲上上」就會有些失落的學生（現在回頭看，真想掐死高枕無憂的自己）；國一學業總表現還拿了全學年度第八名，拿到了資優班的入場券。

逃離溫室：那班開往西區的夜車

這麼說起來，一隻腳踏進資優班的那一刻，改變了我接下來的人生。

延平的資優班是一個很詭異的地方，同學人都很好，善待彼此，彬彬有禮，如果台北市有個人口搜尋引擎，在搜尋條件選取「家庭收入小康」、「學業成績優異」，再按下「隨機」，這群資優班的同學就會一字排開出現在你面前。

雖然跟主題無關，但我印象很深刻。一位同學問我偶像是誰，我不假思索說了「蘇打綠」，國中時候很愛裝文青，背蘇打綠的歌詞偷偷用在作文裡，就會被老師說把散文當新詩在寫。結果那位同學說：「我也滿喜歡蘇打綠，但我的偶像是諸葛孔明。」他很崇拜他草船借箭的智謀。

在這個奇異的延平資優班異花園，我這朵花被放進溫室中的溫室，反而更加自滿，開始逃避書本。從教室逃跑，躲進去的是西門町的撞球館。從國三開始，每天晚上，我跑去7-ELEVEN買個便當，就騙爸媽今晚留在學校晚自習，然後跳上公車，往台北西區前進。

我總以為，是那時候的「學壞」，改變了我的人生進程。

從乖乖牌搖身一變，成為每天要去教師辦公室補考的問題學生；被老師盯上，我反而更想逃，我總覺得逃出學校，自己就自由了，從這個綿密的監視網絡逃走，逃到校園外的社會，到了西門町「瘋7」撞球館，高中生們叼著菸，制服換下卻仍背著書包，手握球竿，談些言不及義的話。

那是一種壓抑十幾年的宣泄，我國中時期很迷一部公視影集——《他們在畢業的前一天爆炸》——描述一位資優生在高中畢業前夕，面對家裡的債務、老師的懷疑、感情的猶疑以及背叛，終於讓自己的人生不再被「完美的控制」。

這位資優生叫作浩遠，國高中時，我總把自己投射在浩遠的角色身上，當時想逃離的是書本、考試，和天羅地網的監督控制；只是，現在回想，我大概對於被「完美控制」的生活有種天生的趨避能力——從小在升學主義中不斷斬獲，立下一面面的旌旗，讓我在這條「資優」的道路上，看來再「合理」不過，但我總是想逃，並非是知識使我厭煩，而是我愈發厭倦閱讀那些我不感興趣而生硬的文字，最糟的是，我從來不知道如何面對自己對升學主義的反感，考試前我總會緊張得心悸，在考卷上寫下的每一個文字卻都是敷衍，敷衍對我有所期待的父母，敷衍好像沒有回頭路的人生。

「敷衍」與「不敢面對自己」是最可怕的，這一切會不斷地在人生循環，自己卻無法對任何他人言說，「不要管我」這種話變成藉口，向別人挑釁的說出時，也是在騙自己，告訴自己「我很好」，「是世界太爛」。

我從小就很討厭勵志的故事，最痛恨的就是那種「浪子回頭金不換」的寓言，我總覺得社會把少數的個案轉換成某種陳腔濫調的期待，如果你是浪子，社會絕對不應該告訴你「該怎樣」（你如果這麼聽話就不是浪子了呀，這是邏輯問題），社會只能客氣地問你，「為什麼會這樣？」

社會對你的客氣，並不是因為社會虧欠你；而是因為這個社會很怪，再怎麼爛的痞子浪人，都還是會有愛他的人、替他承擔的人、會被傷害的人。

那天，一如往常，放學穿上便服，搭上開往西區的夜車。

台北市的街景萬年不變，雖然在這個古怪的城市裡，大多數的群眾都養成了見怪不怪的技能，但仍然，只要有任何一點差異就特別引人注意。

這天的自由廣場很不寧靜。公車經過的瞬間，自由廣場聚集了零星的人，或喊著口號，或隨地坐下，頭綁著布條，談著我聽不懂的詞彙。就像《女朋友　男朋友》的劇情一樣，我帶著困惑下車，著了魔似的走進人群，聽著舞台上的人說喊。

我聽得出神，他說起了國家機器和資本如何控制媒體，讓媒體被個人或集團壟斷，讓這些看電視、看報紙的人不小心囫圇吞下錯誤的資訊，成為有錢壞人實踐意識形態的傀儡群眾。站在台上的男人叫作林飛帆，他在兩年之後衝進行政院，太陽花學潮爆發。

暫別街頭，好好生活

從跳上開往西區的夜車，變成搭著民主抗爭的社運列車，沒有想到人生會像量子力學般，完全沒有邏輯地劇烈轉折，卻也從此才切入正題。那時候苗栗大埔有一戶要被迫拆遷，因為朋友拉著，我搭著末班的火車到現場聲援，十八歲未滿的毛頭小子，站在街頭上和警察拉扯衝撞，我試著用這些課堂外的流血流汗，更扎實地逃離升學主義的監視，也用最激烈的行動，來回應「我是誰？」這個問題。

愈是質疑，就愈是衝撞；然而愈是衝撞，就愈是想要挖掘真相，或是社會的答案。但社會很冷漠，不論怎麼衝撞，怎麼探問，它不可能湊到你的耳邊，輕聲告訴你事實的真相，又或是我們究竟是誰。

那麼，「就回到書本裡吧！」這個轉折很詭異，詭異得很現實，我想在知識中找到答案，回答「我是誰？」「我為什麼在這」，我想窮盡社會科學的知識，「我要考上台大社會系」，我這樣告訴自己。這個科系目標，同時摻揉了世界對知識菁英必須考上台大才沒有「浪費台灣米」的盼望，以及我企盼成為一個獨立思考的人，真正不浪費台灣米的人。

振作起來奮發的契機是讀公民的快感，把我從街頭拉回書桌前，儘管重回知識的海洋，我仍戒慎恐懼，不論是對於久未謀面的學科知識近鄉情怯，或是在自然以及數學科不斷挫敗的沮喪，讓我在學測進逼的高三，踏進善導寺的一間數學補習班。這間補習班很獵奇，坐落於民主進步黨黨部同一棟的大樓，上課的老師，是大家口耳相傳的「名師」，他叫作高偉。

我很痛恨補習，總認為那是升學主義下的畸形產物。帶著期待又怕受傷害的心情，踏進高偉，走上這趟學科的末班雲霄飛車。

高偉曾經說，他是要救那些身陷數學泥淖中的人，對，那個人就是我。對於高中數學沒有及格過的我，我要學的是解題技巧，更重要的是，面對數學的態度。這是高偉真正教給我的——我還是痛恨補習，但我們總得學會跟痛恨的事物相處。在街頭衝習慣的我，也急於把看不順眼的一切，掃進歷史的塵埃，但我們總是不願正視自己的渺小，無法學著和厭惡的事物共存。

走了一遭，回到書海裡仍然是靠一份抽象的信仰，對於社會學的想望與熱愛，讓我必須全力以赴站上學測戰場，這時我必須了解，學習數學完全不是什麼興趣，就算我感到索然無味，也不能棄如雞肋——這時的數學，就像我們人生中所有想逃避的怪物一樣，是我們在奔向理想過程中，必須扛在肩上的責任。

如今的我仍離那個輕狂的少年不遠，享受社會科學的學院氣息，卻也由衷感謝曾經逃離教室，站在街頭，在沒有答案的考卷上努力書寫，試圖尋找線索的那段年少歲月。

結尾，我想用大一的導師陳東升的話來提醒自己，人生不可能一帆風順。「當開始懷疑那一刻，就註定不可能一帆風順，但仍然要相信，因為知識在一帆風順的時候，看起來總是很無用，但是，當我們迷惘無措時，我們能依賴的只有兩者——」他說，「知識，還有良知。」

改變是很漫長的，是一場馬拉松，我們看不到盡頭，這可能會使我們很挫折，像成長一樣，總是漫漫而無所依靠。但我們都要知道，成長不是轟轟烈烈，實現理想的過程總有很多陳冗的事物，那便是我們人生的任務，讓我們學習如何不被現實耗盡，繼續記得我們的初衷是什麼。

「生活不能作為一種抵抗，」東升老師說，「這樣太累了。」

「生活要作為一種志業，抵抗也是。」

在生活中抵抗，不論對象是自己，或是生活本身。我們不能只想著要往哪走，要想著從哪來，一覺起來忘記自己受過的傷。

不要聽他們叫你「好好讀書」，但要記得「好好生活」。

夢想未必成真，只是更清晰

中文系
楊聖緹
德光中學畢業

我是楊聖緹，台南姑娘。換下德光中學的藍白水手服，進入台大中文系，至今已四年。有到過台南就知道，那是一個綿綿密密、充滿故事的城市。我就這樣被這個浪漫多情故鄉豢養，搖搖晃晃，走進中國文學系。

中文系——彼方模糊的小綠亮點

我記得中學時期還沒有被智慧型手機全面侵佔，我天天都在看書。國中時好迷言情小說、大眾文學，什麼九把刀、什麼橘子，全都可以在一個不留神，統統被掃進老師的抽屜，沒辦法，數學課嘛。高中時候讀張愛玲和白先勇，那一時代的輪廓模糊地被建構起來，對字裡行間藏滿著的細節，著迷到走火入魔的地步。高二前預備選組，老師發給我們一張表格，我大筆一揮，毫不猶豫——「社會組」，未來想就讀科系？「中文系」。事實是我從來沒認真了解過中國文學系的課程內容，或者認真思考過未來的出路；「大學」二字距離十七歲的我仍非常遙遠，更別提中間還有一道巨大堅實、名為「學測」的牆得翻。「中文系」，很明顯是對熱愛文學、國文成績又不錯的我，一個相對簡單而合理的選擇。於是一條道阻且長的路在前方漫漫展開，我沒想太多，只知道不斷延伸腳印，應該、應該，最終會走到那個亮著光的彼方。像《大亨小傳》中的男主角，鎮日遠遠眺望海平面一端的小綠亮點，那是支持他活下去的一個遠方的、迷離卻又真實的光點。當被問起「喂，你的夢想是什麼？」——中文系，從此成為我的制式回答，就像一支射出的箭，急急地要飛向立在彼端的靶心。

中學，那是青春沸騰至頂點的日子，天性愛湊熱鬧的我在校園裡外的活動竄來闖去。那時的我永遠自信、眼神發亮，覺得自己的努力終究會指向正確的終點。指考放榜那天早上，我在電腦前正襟危坐，顫抖地輸入准考證號，按下送出。台灣大學人類學系。沒錯，並不是一直心心念念的中國文學系，但我的心情更多是興奮。台灣大學，是我壓根沒有想到過會考上的學校。我那時想著，沒問題啦，上大學再轉系就好了吧。血液裡奔騰著沒有根據的樂觀，我蹦蹦跳跳，一下子飛過了中學年少。

興匆匆一頭撞進來，卻發現我的大學生活並沒有想像中的五光十色。

不像高中時候知道自己有個方向必須前進，也沒有雪片般的考試和作業鎮日追趕，即使心裡一直有個「轉系」的目標，鬆散糜爛的日子卻把我的意志磨鈍，當年那個賭氣而固執的少女，在北方好像失去了精力。轉系變成一個不敢提及的字眼，當年衝刺學測和指考的氣魄，似乎全都消失了。我甚至不再閱讀。

大一那年，期望的落差連帶拖拉我的心情，每件事情都提不起勁。那是我不熟悉的自己，於是我竟然也沒法子好好處理這樣的人格，「我從未是這樣的」。心理影響生理，生活逐漸胡亂過，考試胡亂準備胡亂考，第一次知道「寫報告」一點也不酷。中學幾乎全勤的少女學會蹺課，也並不是有偉大理想，每回醒在正中午的枕頭上都痛苦又空虛。既然如此，考試也不可能多麼認真了，把「人類學又不是我原來的夢想」這藉口推到最前頭，這一整年竟被當了兩個科目。大把大把的自由把我原來的人格吞噬下去，與高中那個梳高馬尾、眼神堅定的少女全無相像。台大校園廣袤無邊，裡頭人潮來去，我卻慌亂地找不到自己該站好的位置。

升大二前，我勉強把從前的勇敢挖出來一點點，不抱希望地按下中文系的轉系申請。結果竟然搆上了最低錄取分數，勉強轉過去了。所有人都替我開心，但只有我自己心底明白，絕對是運氣成分佔了多數。大一整年的剝蝕，已經把我風化成一個不太一樣的人。導致我大二頭一個學期都覺得自己是個徹底的冒牌貨，轉到中文系似乎只是為了給高中的自己一個交代。畢竟，我已經不再認識那個自信勇敢的女孩，我不確定，但這應該就是她要的吧。當年的搖曳閃爍的小綠亮點，在我踏進中文系後啪一聲，應聲熄滅，原來後頭什麼也沒有。我慌慌恐恐，失去對焦的聚點。

向內探尋——自處和失去的工夫

因為轉系的緣故，必須補很多課才能追上進度，導致課業變得很重，不是蜻蜓點水式上課，或是期末考前一天熬夜抱佛腳就能掌握。一開始是不得已，獨自抱著一大疊書到圖書館裡咬筆苦讀，偶爾還會黛玉式的泫然欲泣；到後來小文小字慢慢啃，竟也能念出一點興味，甚至自動自發在考前寫好擬答。二十四小時開放的總圖自習室裡，不曉得坐熱過幾張椅子。也因為作為轉系生，在班上也難認識已經成群成團的同學，中文系的功課大部分也適合自己讀。就這樣，我培養出隨時隨地都能一個人找到事情做的技能。漸漸地，我把這份獨處的精神延伸到生活的每一層面，開始嘗試從來沒做過的事，比如一個人去看電影、一個人聽演唱會、一個人坐公車到最北的地方只為看一眼海。我學習找到內心的平靜，曾經躁狂滾動的心神也逐漸平息，這樣一來，整個人的心情也就能時常保持溫潤愉快。後來念到莊子的養心，他說「平者，水停之盛」，一個人要先把自己的心維持凝定，而後，才能作為一個完整的自己，去與他人交遊。這樣來回的日子裡，能更認真地向內向外探尋自己，找到自己的熱愛，於是在許多付出時間和熱忱的活動裡，終於也交到了許多如實的友伴。

我後來理解到，在大學裡，最重要的、也是我希望自己更早就學到的，是與自己獨處。大量的時間空白時，如何把自己安排好，如何與自己更好的對話，並且誠實的面對自己擁有的和不擁有的，這是我希望上大學前就學會的事。中國古代有一個詞：「慎獨」，是我非常欣賞的觀念。不是說一定要像古代君子，時時刻刻守德守禮，但我們可以做的，是相對高純度的「自律」。雖然大學念了三分之一，我才慢慢從生活經驗學習到這個道理，可是我並沒有覺得這些時間是浪費。相反地，我反而感謝自己有一大陣子的兵荒馬亂，才能成為如此的樣子。

擁抱新生活前，另一個很重要的心態，是準備好「失去」。上大學以後，我們必定與高中的樣子有點不一樣，我們一定會丟失一點點原先認為「完全定義自己」的東西，或許成為和想像中有所不同的人。相較於高中，現在我不再花大把的時間在閱讀詩詞或純文學，這可能是當年的我沒想到過的。然而相反的，我把觸角伸到更多不同的領域，我愛上電影，一年要看上一百部；讀一點點哲學、社會學、法學、教育學；我變得更關心社會，必要的時候，也走上凱達格蘭。這些都不是我高中時想得到的模樣。原來失去的反面是得到，倒退一萬步來說，不管怎樣也都「得到」了「失去」，不是嗎？

「夢想」未成真，卻更清晰了

到中文系以後，我沒有朝著當年所希望的樣子前進。當時以為所謂「讀中文系」就是我全部的夢想。但我從來沒有想過，當到達以後，我會是什麼模樣？直到一腳跨進來，以認真研讀作為手段，逐漸調整姿態，發現純粹的文學似乎不適合作為我的畢生追求。回頭看著高中的自己，檢視她對文學的熱愛。確實中文系並不全然如我高中時的想像，我必須修剪、添加曾經想像的模樣，才能漸漸符合中國文學系的樣子。

中文系是我扎下根的土壤，是這塊質地餵養我，使我能握緊自己擁有的，再去探索未知的。畢竟，倘若我一輩子未曾來過中國文學系，這遺憾將會一直卡在心底深處，像無法回應那高中少女的喊叫。我必須去達到原有的追求，才能繼而往上堆疊，才能全無懸念。我養好底氣，去嘗試更多更不一樣的領域。例如曾投身新創產業，加入學生會，到各個學院修不同的課，包括性別、管理學、教育、哲學等等。只有去移動、去碰觸，才能明白哪些我能夠完完整整地浸入，哪些則否。教育學程和婦女性別學程都是在中文系大三時接觸，我意識到自己對這兩塊有相對強烈的動能。在二〇一八公投結果出爐後，內心小蟲萬頭攢動，我更加堅定自己未來要朝著結合這兩項專業的目標前進。原來如此，原來如此，原來我最最想要的，就是改變社會一點點。這，才是我的夢想。

我知道現在這裡就是那個亮著光的彼方，就是那支箭所抵達的靶心，然而它卻不能說是一個夢想成真的故事。我的夢想，是瞎子摸象，一步一步，才逐漸找出來的輪廓。必須全心接受自己「將會改變」的事實，才能有所蛻變。我還是當年那個自信蹦跳的台南姑娘，只是經過這些年，我邊丟邊撿，終於又得到了更多東西，成為一個高中時不曾想像過的樣子。當年的傲氣磨鈍了一點，但仍然保留稜角，使我的人格立體。當年的虛幻的小綠點已經熄滅，取而代之的是一座隆起的山頭，一條蜿蜒小路綿延過去，至少這次不是隔著整片海洋。前進的每一步都穩穩地踩下，我感覺到自己更巨大，心底更沉穩，抬頭看見又有更遠的遠方要抵達。

這一次，沒那麼容易，可我也已經沒那麼弱小。

追尋自己，開拓未來之路

化學系
田皓寧
新竹女中畢業

我是田皓寧，來自新竹市，二〇一五年畢業於新竹女中前，在這個小巧可愛、風總是很大的城市度過我生命中前十八年，目前就讀台大化學系四年級。一般人對我的認識，是個認真負責、乖巧聽話的好學生，但我更偏好這樣形容自己：喜歡做夢幻想，也喜歡安排計畫並享受付諸實行的過程，擁有理科腦和熱愛人文與藝術的心。

為何以文理特質並重形容自己？因為只用「化學系學生」或「熱愛音樂與語言」，都不足以描繪出完整的我。若以一棵樹做比喻，則人文與藝術之於我是根，而自然科學是枝葉。來自父母都是藝文領域老師的家庭，曾就讀音樂班四年，童年滋養我長大的是畫圖紙、古典音樂和翻譯小說，其中又以音樂為我生命中最重要的養分。相較之下，我與自然科學結緣的時間晚了許多，國中時參加學校菁英輔導專案數理組，未來想從事新藥研發、科學研究的志向才逐漸明確，並在高中時以能提供我扎實基礎理論與大量實驗、專題研究訓練的化學系為目標，後來也順利申請上我的第一志願。

實驗室生活，沒那麼簡單

為了使自己具備從事科學研究的能力，並進一步銜接將來繼續攻讀研究所的規畫，進入這個醉月湖畔的科系後，我除了用功讀書、努力在系上維持中上的成績，也在升大三那年暑假進入本系教授的實驗室從事專題研究，並在升大四的暑假獲得科技部大專生研究計畫補助。

從事專題研究的這兩年，我在一次次實驗失敗的挫折及問題解決的喜悅中，不僅培養做研究的能力和精神，更逐漸明瞭科學研究這條路的曲折艱辛。我的研究與當初立志研發新藥相關，利用有機合成方法改良並開發新化療藥物分子。教科書上總寫著在如何的條件下就可以合成出目標分子，將臨床用藥進行特定官能基修飾或轉換就可以獲得更佳療效，在進入實驗室從事研究前，我以為新藥研發真的如同書上輕描淡寫般地容易。然而在兩年專題研究中，我發現這條路並不如想像中好走。

我曾經為了一步合成反應試了超過十次不同的反應條件，也曾為了純化某個產物卡了兩個月的研究進度。待在實驗室的日子，實驗失敗、重新換一條合成路徑是家常便飯，因此每次成功拿到純的產物時，我都高興得彷彿期末成績拿了A+。做有機合成其實跟做菜類似，乍看之下，也是將各種試劑／食材加在一起，得到產物／菜餚，但兩者又是那麼不同：做菜加錯食材分量順序、烹調時間不對，可能沒有什麼影響，頂多菜餚難吃或賣相不佳；反觀做有機合成，試劑當量或順序加錯、反應溫度或時間掌握不佳，任何一點操作手法的不同，都可能得到完全相異的結果，也就是說做實驗不能馬虎或矇騙。因此，我在這段經歷中慢慢理解並培養出研究能力以及學術精神：嚴謹、精確與誠實，學會探究問題根本並提出解決方法，建立一套有架構的邏輯思考模式。

非主修的滿足感，其實可以很多

另一方面，在這個全球化的時代，我認為具備多種外語能力可以讓自己有更多發展的可能性，因此我大一時就開啟法語學習的旅程。之所以選擇這個語言，是由於小時候看過多部法國電影，如《蝴蝶》（Le Papillon）、《放牛班的春天》（Les Choristes）等，使我驚豔且著迷於片中法語獨特又有點俏皮的韻味，也從那時起就將其列入必學語言清單之中。

有些人學習第二外語僅是抱持著多一項能力、多一些工作機會的心態，除了課堂上的文法單字外，不會再多親近這個語言。但對我而言，學習新語言從來就不只侷限於課本：法劇《Dix Pour Cent》（百分之十）、《La Mante》（螳螂）、比利時女作家芭芭拉・阿貝爾（Barbara Abel）的小說、法語歌手露安・艾梅拉（Louane Emera）、馬特雷・吉姆斯（Maître Gims）、Soprano等的歌曲都曾是我學習的管道。除了前述法國文化、電影、音樂、文學的洗禮，我也養成閱讀法國報紙《世界報》（Le Monde）、《費加洛報》（Le Figaro）的習慣，不僅是學習一個新語言，同時還獲得從另一個角度看世界、看人生的機會，開始關注以前不曾留心的地區和議題。三年多的學習使法語及其文化內涵融為我的一部分，我也因為喜愛這個語言而有動力持續精進。由於對外語學習的熱愛以及學習過程的其他效益，我後續又在大學期間修習另外兩門外語。如今我的語言能力版圖已經可以支持我前往超過一百五十個國家及地區、用當地官方語言交流對話。儘管並非我的主修，外語學習的經歷同樣也帶給我非常多的收穫、快樂和滿足。

優秀≠樣樣拚第一，而是看見自己

過去我認為優秀是在各個領域追求頂尖，但這想法在大一上就破滅。面對內容深廣的必修課，和一群來自各校智商破表的「怪物」，曾經能輕鬆拿高分的我，即使挑燈夜戰、整天抱著必修課本，每次考試只能在及格邊緣奮力掙扎。面臨挫敗，我原先應變方式是加倍用力地啃書，犧牲休閒時光，隨時繃緊神經。但高強度的壓力無法顯著提升課業表現，反而使學習變成痛苦根源。苛求自己要跟別人一樣、甚至超越他人，只讓我迷失了自己，因主修科目無法全部拿高分而自認沒能力走化學這條路。

將我從自我否定的無限循環中救出的，除了前文所提及外語學習的快樂，還有我生命中重要的精神糧食——音樂。多年前我就習慣藉由聽音樂及唱歌紓解壓力，高中、大學期間多次與朋友組團比賽和表演，所詮釋的歌曲橫跨不同年代與曲風，從一九九〇年代《Genie in a Bottle》（瓶中精靈）到二〇一八年《I'll Never Love Again》（不再愛戀）、從《Love the Way You Lie》（愛你說謊的方式）的嘻哈到《Wherever You Are》（無論你在哪裡）的搖滾，曾以無伴奏合唱（A Cappella）形式表演《Bad Romance》（羅曼死）、也曾兩人對唱過《你的行李》。記得有回樂團表演結束走下舞台時，好幾位觀眾立刻圍了上來，熱切地詢問我們有沒有粉絲專頁，並表達他們有多麼喜愛我們的演出。驚喜、雀躍和滿足都不足以形容我當時的感受，可能是尋得知音的興奮，也或許是終於能表達自我的舒暢。在我的生活因為課業表現而暗淡無光時，就是這些沉浸在音樂及歌唱的時刻讓我重新獲得力量；與同伴高歌完美合音時的悸動、用音樂感動聽眾時的喜悅，我在這裡找回了自己。

再次面對不夠突出的主修課業表現，我懂得要稍微退一步，付出適當精力在念書外，也留點時間和空間給自己。真正的優秀和成功，不是樣樣拚第一，而是看見自己的長處，找到適合的舞台、形塑獨特自我。

完美結合看似互不相干的化學與法語

於是大二、大三時，我不斷自我檢視，尋覓適合自己的路。很多人對讀化學系存在一些迷思，認為未來出路不外乎當大學教授、在研究機構或科學園區就業，但其實還有其他選項。化學依然是我將來想走的方向，但沒有熱愛追根究柢的特質，加上對新藥研發背景的了解，我愈加清楚科學研究不是我想要走的路；在專題研究的過程中，我發現自己喜歡成功合成出一個產物或完成一項計畫的滿足感，但希望能將化學與生活、藝術及美的事物做連結。加上法語能力以及我從小受藝術、音樂薰陶而對歐洲萌生的憧憬，我慢慢開拓出一條通往未來的路：前往法國就讀化學研究所，專攻香水及化妝品研發專長。

今年九月，我即將帶著化學與法語，在巴黎繼續譜寫我的生命之歌。至於音樂，它將是我永遠的朋友，時時提醒我自己是誰，給予我力量前進。也許再過些日子，我可能會想不起一些有機化學課學過的人名、反應，但這四年所培養的研究精神：嚴謹、精確與誠實，以及對自己的重新認識，是我能長遠帶著走的收穫。

「找尋適合舞台」，是一件大學階段可以努力的事情。也許即將成為大學新鮮人的你們之中，有人輕鬆在主修領域取得卓越表現，另一些人在其他領域表現更加突出，又或許你們跟我有類似的特質——所喜所愛橫跨多個面向，無論是哪一種，都可以勇敢追尋自己。由於每項專長都能為自己創造更多機會和可能性，因此兼容並蓄的你們，更應把握在不同領域的能力和熱情，或許哪一天走著走著，也會像我一樣，驚喜地發現一條能結合兩者的路。

在大學裡找一張理想人生藍圖的三個領悟

國企系
李友婷
高雄女中畢業

我是李友婷，來自陽光常駐的南方，畢業於高雄女中，也即將畢業於台大國際企業系。四年前，我帶著好多期待和緊張來到濕濕冷冷的北方，好奇會遇到什麼樣的故事，但也擔心自己能不能在這個學廣而不專的系所裡找到自己的熱情、畢業後又會往哪裡去。

拿著這本書的你是否也有著同樣的心情呢？我希望能分享在這趟旅程裡找尋方向、認識自己時所獲得的三個體悟，幫助你在思考未來、安排大學生活時，能夠少一些困惑，多一些踏實。

帶著目標起跑，邊跑邊修正

很多人都會覺得大一才剛進大學，應該好好地活在當下、體驗生活，還不需要花時間去想那些看似遙遠的職涯目標或人生規畫。然而，我的經驗是，盡早擁有明確的方向，更能夠幫助你踏實向前，推動你不斷成長。

一開始設定的目標未必正確，也有可能和最終結果截然不同，但有個能依循的方向，可以幫助你在前進的路上不茫然，能做出較好的人生小選擇，像是修什麼樣的課、參加哪些社團、如何安排暑假等等，以便在最後需要做出大抉擇時能有好的基礎。此外，一個好的目標也會帶給你成長的動力，因此我常常鼓勵學弟、學妹要有夢想，要aim high，當你的內心有所渴望時，你就會很自然、很熱切地去做出相應的努力，追求更好的自己。

很多人可能會問，剛開始的我什麼資訊都沒有，要怎麼訂定目標呢？其實一開始的目標常常都只是假設。你可能看過一些書，心中有些楷模，就先依據你所擁有的資訊去做最好的想像，想像自己在什麼樣的人生環境裡會感到滿足。接著，你在大學裡會開始接觸到更多的人，比如透過和各領域的學長姊聊天，就能獲得更多資訊以調整、修正你原有的假設，你對自己的理想人生也會漸漸更有輪廓。舉我自己的例子來說，我從高中時就嚮往能到各處遊學、旅行、工作這樣的生活，希望能在大學時就出國去看看。而我也為此做了許多留學的準備，考了美國大學入學考試SAT、丟了許多申請表，雖然後來還是留在台灣，但我從來都不覺得這趟努力是一場徒然：在整個準備過程中，我更認識了自己，所訓練的語言與論辯思考等能力都在人生的下個階段裡助益良多。目標也許會常常被調整，但卻不會輕易被遺忘。我現在還是帶著這樣的夢想往前走，而這些明確的目標也讓我能更好地規畫畢業後的職涯選擇。

找到能感動自己的挑戰

接著想鼓勵你們找到一個能夠點燃自己熱忱的挑戰，並為其全力以赴。它可能是一個社會議題專案、一個志工活動、一個新創想法，也可能是一個組織的變革，而我自己選擇的挑戰就是全球集思論壇（以下簡稱集思）。集思是一個台大的國際學術論壇，每年暑假會舉辦為期一週的會議，以各種前瞻議題為主題，活動內容包括與主題相關的學術講座與討論工作坊。我在高中時就以高中生代表的身分參加了集思，並深深地被論壇的內容及價值感動，覺得在台灣沒有其他學生活動能像集思一樣，帶給參與者這麼豐富的學術內容及國際視野，所以在上了大學後我決定加入集思的籌備團隊、擔任學術部部員，並在一年後接下了總召的位置。做這個決定的時候我是很猶豫的：一是不確定自己的能力是否足夠承擔這樣的責任，二是當時的集思面臨了很多困難，面對新的變革與挑戰不可避免，它們都使我卻步。但想起集思曾經帶給我的種種感動，以及在我的成長路途上所創造的價值，讓我相信自己有責任保護這個地方，好讓它能繼續灌溉更多學生，激起更多改變的可能。接下總召之後，我過了非常辛苦卻也十分充實的一年，有過無數的挫敗、挑戰、學習與突破，然而這一年在集思的每個故事都成為無以取代的養分，灌溉、強化了我多方面的能力。

好的挑戰不但能成為成長的養分，更能創造好的故事，幫助你奠定未來的基礎。在學生時代犯錯的成本是相當低的，即使失敗了也很容易再站起來，所以好好把握這樣一個能夠自由犯錯的階段，勇敢挑戰自己，踏出舒適圈，一步一步地向外探索自己的能力，或許就能發現自己更大的可能。

出國體驗，打開看世界的眼睛

要拓展國際視野這種建議很像老生常談，但卻是我受益很深的體悟。我相信每個人都應該趁年輕，去國外旅行、遊學、打工度假或在台灣參加國際組織都好，讓自己走出小圈圈，去經歷各種文化衝擊、去看看世界的美麗。不要被過多的自我擔心和環境限制給困住了。

我曾在紐西蘭遇到了一個每天要吃十幾種藥、隨時可能氣喘發作、但卻獨自走遍了七十幾個國家的丹麥女孩；也曾在澳洲遇到一個很瘦小、剛從高中畢業的德國女孩，就算沒什麼預算，也要體驗gap year，背著快比她高的背包在路上hitch hike。她們讓我體會到，對年輕的我們來說，最寶貴的資產就是「時間」和「勇氣」，如果我們不好好利用它們去豐富自己的人生，該會有多可惜。從集思、海外暑期課程和交換學生，每一個經歷都在我的成長歷程畫下了關鍵的一筆，這一趟趟的旅程塑造了我的信念、價值觀和看事情的角度。

很多人會覺得自己英文不好，或是家裡資源不夠、沒有錢，所以認為到國外旅行毫無可能性，但其實出國沒有大家想像的這麼難、這麼貴，再說旅行的方法有很多種，我就認識很多很棒的朋友用各種方式去克服自己的限制，也許是每次出國都拉長一點去降低每天平均的固定成本，或者到非營利組織擔任國際志工省下食宿費，也可以打工度假。旅行的確不便宜，然而人生裡更珍貴的是時間，真的希望大家能趁著青春的自由，出國去體驗這個世界，成為更勇敢和充滿故事的人。

大學是一個多彩而自由的地方，每個人的成長與成功是由自己來定義，沒有一條絕對正確的路可以依循。所以知道自己要什麼很重要，要思考你的優先順序是什麼，並依此描繪屬於你的成長方向。努力去體驗不同的生活、去挑戰自己的舒適圈、去看見更不同樣貌的自己。希望這篇文章能成為你前進路途上的一點點鼓勵，在摸索未來的彷徨中給予一點點指引。

多方探索，勇於嘗試

國企系
廖珀翔
成功高中畢業

高三的我不曾想過自己未來的樣子，但卻自信滿滿。這些自信並非來自過去的優異表現，純粹來自心裡的聲音：「如果別人做得到，我有什麼理由做不到？」

探索自己的方向

大學給我的第一堂課，是探索方向，檢視己身，保持自信。進入大學後，周圍的同學都非常優秀，不僅成績優異，校外活動精彩且擅長交際。這是來到台大國企系讓我體認到的第一件事，我來到了一個更加競爭的環境，任何事情都會有人做得比我還好。我花了不少時間在適應，找尋自己的定位。在台大，不可能樣樣都贏人，我告訴自己，我想要的是讓別人記住自己，而且願意跟我做朋友，因此，在與人交際時，我不斷注意別人怎麼看我，從別人眼中形塑對自己的認識，然後開始思考我希望在別人眼中成為什麼樣的人，進而選擇做什麼樣的事。「你想要是班上成績最優秀的那位嗎？還是當系上的『朋友王』？又或者才藝出眾，大家都第一個找你上去表演跳舞？」我希望的是讓別人記住我，因此我會設法讓別人看到自己出眾的一面，好好發揮。記得大一系上有一位來自建中三類組的同學，他的數學能力很好，偏偏系上大都來自一類組，高中沒有接觸過微積分，他當時便成為系上的「微積分暖男」，很多女同學搶著約他惡補微積分。他的專長用在對的時機和場合，讓他多了很多與人認識的機會。

這也關乎另外一件在大四才學到的事情：當你已經決定你想在別人眼中成為什麼樣的人時，要設立明確且可執行的目標，可以分為短、中、長期，並列下每個時間點要完成的事。例如，我想要在大三出國當交換學生，需要的條件是夠高的在校成績、完整的讀書計畫和英文檢定成績、分別要在何時達到以及如何執行。在大學中，沒有一個明確的公式或SOP來告訴我們該如何成為一位理想的大學生，但我認為每個人都有能力和權利決定自己想要成為什麼樣的人，最重要的是那是否是我想要的，以及是否在朝著目標前進。試著常常檢視自己當下的想法和態度，並不斷調整。

談場戀愛，多交朋友

大學很重要的第二件事是談場戀愛或是多交朋友！高中生活相較於大學明顯單調許多，當進入大學校園，不再有每天都坐在同個教室裡一整天的同班同學，也不會有班導或是教官來管制可不可以跟誰約會，想認識誰或追哪位女孩，全靠自己，我也不例外。剛從男校畢業的我，在大一喜歡班上的一位同學，但她來自女校。我其實是個十分外向的人，很會交朋友，能在短時間內認識很多人，也讓他們認識我，但是我不太會與人深交，不知道在與人交際時，如何能做到聆聽與同理他人，而這些正是追女生的必備條件，更何況對方也是位很被動的女同學，我若無法站在她的角度，就不能成為她心目中的白馬王子。雖然，大一時懵懵懂懂地沒有追到她；但隨著時間推演到大四，我已不再是那個遇到女生會羞澀無比的男校生，最終也成功跟她交往了。

從小到大我們習慣於在教室裡看書和黑板學習，但不會有人教我們怎麼跟人互動、兼顧理性與感性地處理人際關係、如何寫一封信說服教授協助撰寫推薦信、如何跟喜歡的女孩互動讓她對你也有好感。而這些在上大學前完全沒有預測到的狀況不時考驗著我，這些能力在我經歷過幾次事情後或許能夠習得，但若我能早些意識到，或許能認識更多優秀的同學，獲得更多寶貴的學習機會。

花了百分之九十九的時間硬塞進腦袋裡的化學公式和元素表，在未來漫漫人生中使用時機卻不到百分之一；但可能因為參加一場論壇陰錯陽差認識的好麻吉，或許是未來人生不可或缺的靈魂伴侶，又或者因此結識了未來的老婆。這些機遇沒人說得準，唯有選擇花時間去嘗試與探索才能有所收穫。

假如回到高三，我還是會將考好試或申請好學校擺在第一優先，因為這本來就是我想要的，就該用盡全力去追求。但是，人生有許多更重要、更具意義的事情，努力之餘，我認為不妨花點時間去參加活動認識更多人，因為我相信每個人都有挖掘不盡的有趣故事等著我去探索。

學會批判性思考、勇於求知

我學到的第三件事，是學會批判性思考、勇於求知。在高中時，我成功爭取到本校至美國芝加哥的姊妹校交換兩週的參訪代表，讓我的自傳多了一項很特別的經驗，更重要的是，我體驗到了美國高中生的生活，這促使我後來參加了許多非常有意義的活動，認識了許多朋友。試想自己是一位來到高中演講的教授，數百對眼睛從頭到尾望著我演講；但當我詢問在座誰有問題時，僅有一位學生提出問題，在此演講後我會記得誰？答案是問出來的，機會是爭取來的。來到大學，不再有人在後面逼著你要跟上或是成為第一，到處都有機會讓你表現，不論是系上活動的歌唱表演，或是學校出國的代表團機會，都是你能多一次認識人、強化自己的機會。

培養批判性思考的能力。這是在我開始實習以及面臨職涯發展時給我很重要的一課，也是若時間倒轉到高中我最想學會的能力。台灣的教育教會我們的是找出考卷上的正確答案，但沒有告訴我們，當面對科系選擇時，應該怎麼做？當受到朋友排擠時，應該如何化解？當看到教育改為十二年國教時，是好是壞？這些問題多半沒有標準答案，而這正是我們的教育體制試圖迴避的。很不幸，未來我們將面對的是無數這般的問題，沒有人會給你答案，也沒有標準答案。

學校無法培養我們解決問題的能力，即使你腦袋裡滿滿學識，有天你還是得面臨人際關係的兩難、與父母的意見不合或面對工作的選擇，以及去哪讀研究所這類問題。因此，我想提出一個簡單的方法來幫你促進思考的習慣。舉例而言，當你看到新聞說什麼法案要推出，或是某法官判了什麼法案後，試著問自己為什麼？好壞處各是什麼？你贊同與否？相較於課本裡的知識，這項思考的習慣與能力將使你終身受用。

十七歲時最挫折的事情，是不知道人生會往哪去，還沒有能力看清任何事，也只有很小的力量去決定未來的道路。但縱使是現在的我，或甚至是年屆四十的公司經理，都有一樣的擔憂，對於未來的不確定性本來就是會持續存在的正常現象。回頭視之，我想只要在每個階段做好該做的事，讓每件事情都有意義，讓它們為你帶來一些經驗，讓你獲得成長，在將來都值得細細回味。

「行動」。讓世界記住你！

戲劇系
陳大為
成功高中畢業

挑一個動物形容自己的話，我會說是長頸鹿，溫暖、開朗的個性，就像是長頸鹿棕黃色皮膚給人的感覺，而笑聲則是我的 personal signature。我的名字叫陳大為，是台大戲劇系四年級的學生，出生於台北市，高中時就讀成功高中。

很高興能藉由這個機會和你建立連結，也許現在的你正為求學的路感到徬徨，或是猶豫是否該跨出追求夢想的第一步，抑或是你選擇了妥協、放棄。這些想法都實在是再正常不過了！我也跟你一樣，都經歷過這樣的想法。

我想邀請你一起看完這篇文章。這是一個真實的故事，一份真情的表白，希望能帶給你勇氣，面對那些再正常不過的恐懼。名校的光環不會使我與恐懼分離，我依舊是個平凡人，但平凡人也能創造精彩的故事。

高中才開始接觸戲劇，對它的好奇就像是長頸鹿的脖子一樣長，我盡可能的找機會接觸、嘗試，從社團開始，每個月會演一至二齣短劇，偶爾有機會就接接學校活動主持人，培養我的台風和演技。這些探索的過程，讓我對表演藝術產生濃厚的興趣，但面對科系選擇時，我也徬徨了許久，我看了許多關於夢想的書籍，例如：肯・羅賓森（Ken Robinson）的《讓天賦自由》（The Element）、布魯斯汀（Robert Brustein）《寫給青年演員們——以及熱愛表演藝術的你和我》（Letters to a Young Actor），最後決定大學要攻讀戲劇系，做一名演員，成為當時堅定不移的夢想。

聆聽反方意見不等於放棄夢想

學測考完，我報名了朋友推薦的營隊。十分巧合的，其中有位講師是台大戲劇系畢業的，於是我便鼓起勇氣，跑去找講師聊台大戲劇系的狀況、如何準備之後的面試等等問題。以前我根本不敢這麼做，但現在回想起來，這是我做過最正確的決定之一，也因為這份人脈的連結，在之後學校備審輕鬆了不少。

說起我追求夢想的過程，正如同我的科系一樣，是非常戲劇性的。高三的時候，我分別報考了不同學校的戲劇系以及傳播科系，不諱言的，在繪製夢想的藍圖上，難免會遇到阻力。像是家人就會擔心戲劇系未來的出路，勸我放棄選填戲劇系，連我在人力資源管理界（HR）非常有名的乾舅舅，也親自跑到家裡勸我（事後回想應該是媽媽拜託他的）。他跟我說不用放棄戲劇的夢想，就算大學不念戲劇系，也可以參加戲劇社作為替代方案，以他的經驗來看，念傳播會比較有出路，他詳細地跟我分析、舉出實例，讓我的心第一次有了動搖，雖然最後我仍然沒有放棄初衷，但我很感謝有這段過程，讓我聽見了不同角度的聲音。

夢想轉彎時一定會害怕

當我正思考著是否放棄申請戲劇系時，再次上網搜尋「戲劇系出路」，在搜尋結果中看到戲劇治療（drama therapy），發現了這個領域類似諮商結合戲劇。我興奮地告訴家人，說我未來想要做這份職業，它很有出路，說服他們支持我念戲劇系，當下我的內心產生了奇妙的感覺，當時並不知道那是什麼，其實那就是我對演員夢想（dream）第二次的劇烈動搖！一直以來，我都知道自己挺喜歡諮商的，高中跟輔導室老師混得挺熟，因此對戲劇治療有很大的興趣。而真正讓夢想轉了九十度彎，產生戲劇性轉折的，則是在高三升大一的暑假，當時已確定錄取台大戲劇系後，參加了Kingdom Education的美國短期遊學計畫，就在那短短三週時間內，我想我找到了人生的志業（passion）。

遊學中我最深刻的收穫是，對目標的執行力以及積極度。那時我著實被我生活導師的積極程度嚇到，他一知道我對戲劇方面的興趣後，立刻在十分鐘內幫我找到相關資源，由於他的積極勾起我刻意埋藏在心底的欲望。其實我對於演員沒有那麼大的熱忱，我愛戲劇治療更勝於做一名演員，但是你能想像一旦打翻從前一直以來堅定的夢想，是一件多麼令人恐懼以及慌張的事情，甚至讓我不敢正視自己的內心。

築夢踏實，不要只是做夢

我理解到實踐人生志業，唯有積極的付出行動，因此回台後，我寫信去紐約大學以及美國戲劇治療協會，詢問台灣是否有戲劇治療師可以聯繫，進而踏上了這條尋夢之旅。我使出渾身解數、用盡我最大的努力，從閱讀戲劇治療相關的書籍開始，閱讀的過程中，我意識到自己愈來愈喜歡這個領域。由於害怕從書本念到的知識跟實務面還是有落差，我開始到處參加講座、工作坊，也嘗試探索了表達性藝術治療（expressive arts therapy）不同的領域，實際體驗後，我更加確定這是我想做的，是我人生的志業。這樣的築夢過程，讓我認識了愈來愈多的戲劇治療師，而吳怡潔戲劇治療師是我夢想路上非常重要的貴人。有了確定的夢想，不管是大學修課的計畫，或是生活中的安排，都更能有依循的方向，並且可以有方向性、聚焦性的培養自己所需的能力。

我想藉由自己的故事和你對話：首先，不要害怕夢想的改變，因為那很可能代表著另一個精彩的生命故事要悄悄揭開序幕，去嘗試就對了，即便現在我如此熱愛戲劇治療，我也保持未來變動的可能性。第二，如何了解是否找到人生志業（passion）呢？所謂passion，是擁有強大的熱情，讓你能夠經歷所有築夢過程的痛苦卻還不放棄。第三，請了解一加一大於二的道理，跨出第一步肯定是可怕的，為何不找朋友、家人陪伴呢？我們不需要用孤軍奮戰來證明自己。最後是「謙卑」，謙卑的人了解自身的不足，才能接納新的知識、想法，而不會活在象牙塔內，永遠原地踏步。

也許有人內心還有一個疑問：我希望能有具體的志向，但還沒有確定的想法，該如何找到呢？很重要的是：對自己的內心誠實。多傾聽自己內在的對話，多探索自己，接觸不同的人事物，跨出舒適圈。你會開始發現喜歡或是不喜歡的事物，刪去法也是很棒的聚焦方式，相信我，你一定會找到答案，而且確定志向時會有感覺的。台大電機系葉丙成教授曾說：「除非每條路都去走過一次，不然人生不可能找到『最好』的路。」的確，我們沒有時間探索所有的選擇，也沒有最好的路，所以當你找到方向時，勇敢前進吧！

最後特別感謝兩個人，首先是陳冠儒，因為冠儒的邀請才有機會成為作者群之一，很感動他想要出此書的初衷，也希望大家能多多支持我們。另外一位就是從初稿一直到定稿都和我奮戰的林唯中，我的編輯，感謝唯中幫忙潤飾許多文字，過程中也給予許多精闢的建議，才能讓這篇文字愈來愈好，感謝兩位以及所有製作團隊辛苦的付出，也希望我們五十個人的故事能帶給你一點啟發。

放輕鬆，我們擁有無限可能

醫技系
楊晏棋
明道中學畢業

我是醫技四楊晏棋，來自台中，國高中畢業於明道中學，是個繁星生——如同這個名詞：初進大學的我期許自己能像點點繁星，熠熠閃耀於大學的廣闊天空中。

雖然就讀醫學院，但我不把自己的志向限縮在這個領域。我有很多夢想，每個夢想對我來說都彌足珍貴，是我每個階段不斷奮鬥的動力來源。現在的我即將畢業，若要以一句話總括大學生活的心得，就是「帶上最真實的自我，多方嘗試與參與，把握各種機會。在這個年紀，沒有什麼事是來不及做的，我們最大的本錢就是年輕」。趁著年輕，要勇敢做夢，不要害怕失去。一步一腳印踏實的走，不必擔心每次只能前進一小步，因為一點一滴的累積，就算最終沒有抵達目的地，旅途的過程也會使人生獲得不同的啟發和意想不到的收穫與成長。

灌爆籃框的骨氣

從小，許多人對我的第一印象是活潑、熱情、有活力，而我也為這些特質感到驕傲，覺得自己能無時無刻保持笑容與充沛精力著實不簡單。我的興趣很廣泛，但最喜歡打籃球，自國小就是校隊成員，時常到全國各地征戰，享受與團隊一同奮戰、拚搏的感覺。求學過程中參與了大大小小的比賽，這些比賽無論輸贏，都讓我從中成長不少，像是抗壓力的培養、組織溝通的能力與團隊合作精神等等。我從小就被說是球場上的小巨人——個子不高，卻有著想飛躍扣籃的狂傲，這大概是我一生中無法實踐的夢吧！不論任何事，不自我設限，這就是我，一個自信心爆棚的存在，在球場下亦是如此。

笑傲江湖的霸氣

從國中開始，我就是個充滿好奇心、喜歡帶給周遭快樂、歡笑與正能量的人，因為如此，在進大學後，我開始廣泛接觸綜藝節目、脫口秀。在因緣際會下，我的首場主持獻給了社團的尾牙，那次活動後我收到了不少好評，也讓我開始為自己爭取機會，舉凡系上活動、營隊、大大小小的晚會等等。在這過程中，我領悟為自己打下好口碑的重要性，而那就是籌碼，能讓更多機會主動找上門。

那個時期，我把自己推向表演的領域，也讓我重新認識自己，面對最真實的「我」。大二時，在室友強力推薦下，我修習一門「當代劇本賞析」通識課，原本是想透過這堂課更了解舞台劇、表演藝術等，然而比起這些課程，我在老師身上學到更多。這門課的老師思想很前衛，每堂課都給了我很多啟發，也讓我明白每個人的價值、珍貴及獨特性，並不因為我們的性向、宗教、種族等而有所不同。我一直不願去面對心底壓抑許久的感受，然而在每次課堂上，這些感覺不斷被放大，終究是無法隱藏的。我將這些情緒理了再理，讓它布滿靈魂與軀殼，讓它不再因為我的膽小而被囚禁於內心角落，「勇敢接納自己吧！」最後的我選擇昂首踏出，一心想為這社會做點什麼、想幫助更多人、想讓更多人知道所謂性別認同與個人表現是全然不同的兩件事，我的骨子裡就是裝載這樣的傲氣！

猛志逸四海，騫翮思遠翥

重新認識自己，生活增添了幾分愜意，雖然偶爾會遇到他人的不認同，但情緒是自己的，學會心態轉換非常重要，我正走在一條孤獨卻堅定的道路上，我想做熠熠星子，讓這燦爛星輝照亮更多角落。

逐夢過程中，在校園內曾參與許多大型活動，舉凡亞洲領袖營的領隊、藝術季的部長、營隊總召、籃球隊隊長等等，發掘自己擅長與人溝通互動、統籌規畫及凝聚大家的情感。此外，學業上亦有不錯的表現，大學四年拿了六次書卷獎，且個性樂於助人，因此萌生進攻醫學的念頭。

最初選擇科系時，因為不排斥而選擇了醫技系，這是個適合對研究、生物技術或是檢驗有熱忱的學生來修習，我在這領域上也學得不少知識與能力，不敢稱得上是專業，但我很確信自己對知識的追求是不隨便的，在還沒真正確立目標之前，我告訴自己：選擇了就須認真，盡力將本分做到最好，除非找到了更值得花心力的事。而果真，在大學最後一哩路時，我找到了內心渴望追求的目標！

綜合我的個性、能力與不斷追求的人生價值，發現自己的志趣並不適合醫技系。醫技系主要專注於實驗室研究與檢驗特性，相較於研究，我更喜歡面對人群並與他人互動，我喜歡散播正向、快樂的能量給他人，因此在升大四的暑假，毅然決定於畢業後轉換跑道，全力攻取學士後中醫。

大四的生活，除醫院實習外，其餘時間幾乎都在準備考試。儘管實習與考試兩頭燒，但我卻享受這段拚搏的過程，很開心自己找到想要努力的方向，並堅定地向前行。我從來不後悔自己花了四年時間在這知識殿堂中找尋興趣及目標，在確立志向後，有許多人曾問我：「哇！這樣還要念多久？」「為什麼不直接在大一大二時就去重考？」但我總認為：決定要念這所學校、這個科系後，我從來都沒想過要重考，也從未覺得花四年的時間，最後卻從事與此系不相關的職業是在浪費時間。我扎扎實實地利用四年時光來探索自我、尋找志向，並培養有關醫學檢驗及技術領域的能力，我不擔心自己比同儕晚許多年才踏上真正想走的路，因為在尋夢的過程中，獲得的更多，像是人際關係的建立，抑或是心靈層面的成長。我了解到自己的價值不因外在標籤而有所不同。這次，希望能透過自己的經驗來告訴大家：不用害怕重新出發或是轉換跑道，該感到愉悅的是找到真正感興趣的事物！期望每個正在閱讀這篇故事的你，都能堅定努力的目標，畢竟青春就是值得我們一戰再戰、不斷探索與追尋自我方向！

追，但別忘了享受過程

相較於大學，在高中時期我們較少有機會參與多元活動、展現自我，沒有太多時間讓我們好好認識自己，因此在考完學測、指考後馬上就要面臨科系選擇，有不少人會感到徬徨，而當時的我就是其中之一，我選擇了一個並不排斥的科系，那時只有一個想法：我想進入這所學校，透過學校的資源參與許多講座、活動甚至競賽，藉由這些機會認識各式各樣厲害、有想法的人，建立人脈。

在與人的互動交流中，我最喜歡的一直都是在深度聊天後獲得某種程度上的心靈成長——每個人都有自己的故事、自己的特質與個性，透過分享，我們能走進彼此的心中，甚至在未來的日子裡，成為對方的心靈支柱。像是我在球隊認識的學姊，從一開始的不熟識、到後來的無話不談，她就是我的靈魂伴侶，在我難過、失意的時候扶持我；也在我快樂、得意的時候一同狂笑。隨著自己接觸的事務愈來愈多，我愈來愈知道哪些事是值得去爭取與追求的，哪些人是值得我花時間去結交與認識的。

在求學的漫漫長路上，大環境告訴我們學生就是該好好念書。確實，作為學生，最基本的就是盡力把書念好，但在考大學、選擇科系之前，我們卻沒有太多時間探索自己，反而被迫在升學這個時間點做出選擇。我認為大學志願的填選不代表未來人生就此定型，從容一點，留給自己多點時間，利用大學一兩年、甚至兩三年的時間，探尋自己真正喜歡的領域。放輕鬆，我們的青春有的是時間，如果在升大學時還找不到自己的志向，毋需急著在成績的優劣下為人生做出關鍵選擇，不必因為周遭同儕已踏上逐夢之路而感到憂慮與不安——擇我們所愛，愛我們所擇，才是最重要的。

每個人的一生，都有著形形色色的夢想，敢於做夢、勇於築夢、起而追夢，等風來不如追風去，追逐的過程就是人生的意義。沒有什麼非要不可的夢，就像我永遠灌不到籃，達不到的夢，有我陪你！

成功多半來自於機運和無意間

法律系
林彥廷
延平中學畢業

我是林彥廷，在撰文的當下剛以三年半的時間從台大法律系畢業。但提早離開校園並不是因為天資聰穎，而是比起坐在大堆頭的課堂中聽講，我更喜歡在教室外學習那些書上看不到的事。

都是因為咖哩飯？

每逢長輩聽到我國、高中就讀的私立延平中學時，「很嚴！」通常是最直接的反應。在一所標榜升學、進度密集的私校中，生活的節奏彷彿被一次次的段考驅趕，得過且過，套句網路上常見對台灣人自己的評價，大抵就是「奴性堅強」。而這樣的性格，不僅反映在學習上，也同樣反映在生活的各種面向。

而徹底翻轉這種心態的原因，也是我開始投入公共議題的契機。如同每個同學在高中的回憶，合作社的熱食部通常只有果腹的作用，延平也不例外，尤有甚者是每個便當餐盒都像「驚喜包」，打開包裝有硬幣、鋼絲等各式不該出現的東西，但除了摸摸鼻子將就，了不起也只能向老闆退換，個案性的解決問題的後果，就是情況難有改善。

記得當年以「延平人」為名的臉書社團剛創立，終於有在咖哩飯裡「中獎」的同學拍照上傳發難，開啟了抱怨和討論的風氣，要求合作社徹底檢討的聲浪日盛，「為什麼我們沒有為學生爭取權益的組織？」便成為了當年跌跌撞撞和夥伴們創立第一屆學生自治會的動力。

回顧這段時光，對比今日我們所看過大大小小的社會事件，過程似乎差距不大，我都會說這是把事情搞大的三步驟：讓大家看得到、感受得到、進一步願意參與，也讓這所出了名嚴厲的私校最終廢除了髮禁、鞋禁、襪禁等等這些現在看來侵害學生權利的管教措施。

高中時期學生會再加上辯論社的訓練，讓我知道「事情可能透過討論改變」，但這兩項經歷其實都事出意外，前者是恰逢其時，後者則是因為當初選社志願「延平青年」校刊社落選才遞補加入，大概可以跟賈伯斯因為偶然旁聽課程，啟發字體設計美學差堪比擬，就是成功往往來自於機運，和無意間的收穫。

這樣的體悟，也讓我在大學時期做每一件事時，哪怕當下並無法得到應有的回饋，我也會告訴自己，它早已為我的生命注入滋養，哪怕是途中所認識的人、學到的技能，以及遭遇的挫折，都必定在未來產生難以預期的影響。

所有的事情都開始連鎖反應

每個人的興趣喜好都不相同，也不必相同，像打開電視有人轉向體育頻道、有人偏好戲劇電影，我只是剛好比較喜歡時事而已。受到名嘴口沫橫飛的耳濡目染，加上台灣政局本來就宛如綜藝，我自忖對選賢與能的重任比更多人熟稔，但十八歲時「成年卻不能投票」，除了牽起當時和台灣少年權益與福利促進聯盟的淵源，也開始了在大學階段產生的連鎖反應。

一個議題的倡議要能廣為周知，需要發想有趣的行銷活動、召開記者會邀請媒體採訪，這些都是過去高中沒有機會碰觸的領域。從最剛開始在一旁邊看邊學，到後來自告奮勇嘗試的經驗，也讓我後來在台大學生會服務時，得以有機會建立在教育線中少見「比官方更好」的公關系統。

大一時，公共電視計畫推出全新節目，希望增加台灣電視產業至今仍舊缺乏的青少年適宜內容，而因為台少盟關注青少年面向廣闊，其中有一項是媒體識讀，當時的籌備團隊也因此去拜訪請益。後來我才得知，言談之間因為台少盟提到我剛高中畢業，且受過演講、相聲等不同形態的口語訓練，本身關注青少年議題和算有主持基本功的背景，讓我試鏡時在製作團隊間留下印象，最後也獲得了《青春發言人》的主持機會。

戰士「有」選擇戰場的權利

學生會對一般的同學來說，影響未必深遠，除了吃力不討好的特性外，因為受限於經費、權能等外在因素，要能夠好好地施展拳腳、實踐抱負，往往不是一件容易的事。台大縱然在限制不多的情況下，發展出算是國內最為健全的學生自治組織，但因為事務繁雜、系所眾多，學生會長往往由大四相對了解校園事務的學長姊擔任。

在大二那年，台大學生會出現負面競選，又因為一連串的罷免、杯葛風波導致補選，也讓權益爭取、福利推動等會務多有中斷，更遑論完整交接過往經驗。當時因為學生代表、發起「台大婚姻平權小蜜蜂」、「好ke年—無家者送暖計畫」，以及參與系上營隊、之夜等活動演出、籌備工作的經驗，讓我建立跨院系的人際網絡外，也對不同領域的所需技能都有涉獵，舉凡活動面的舞台燈音到細流行政、議題面的論述倡議到捲動操作。絕大部分的技能和背景知識，都是在實際狀況下摸索學習、從做中學，而唯一的共通點就是：根本不是為了競選台大學生會長。

說是最終毅然決然投入選舉，似乎是把自己想得太過偉大。我當然是有其他選擇的，和同學一起到事務所實習、積極備戰國考、衝刺研究所，無疑都是作為法律系學生累積實力的常見途徑。

但轉念一想，如果志在財經金融者會到銀行實習，懷抱演藝夢想的同學會挑戰選秀、發表作品，那麼我聲稱關懷公共事務，卻對這個有挑戰性的「實習」機會卻步，豈不就是對自己的服務熱情、公共關懷打了一個大巴掌？

沒有想過的波折起伏

競選的過程受到的幫忙不勝其數，許多未曾預料的貴人在關鍵時刻出手相助：戲劇系的學長姊協助拍攝影片、政治營認識的隊友大力拉票、系學會的學弟妹串連舉牌，都讓我在承接台大學生會長這個重任時，倍感幸運與責任所帶來的壓力。

但誰也想不到，在任整整一年裡，才是驚濤駭浪的開始。從甫開學的「中國新歌聲」事件，我們傾全會幹部之力，在學校、主辦單位、市府議會間來回交涉，還得在輿論中斡旋，避免學權爭取淪於政治口水，等同是對過往所學法律、傳播、政治等領域的突襲測驗；十月宿舍潑酸造成憾事，對心理諮商、安全配置又有了進一步的認識，也讓我們成功驅使台大在隔年補足法定輔導人力。

而後屆至的台大校長遴選，我們首推結合立場表態、意向投票的「校長，給問嗎？」活動，將遴選委員會僅有的一席學生代表效益最大化，順勢引起國內對於大學校長產生方式的批評。其中網站、投票系統UI／UX的設計，奠基於國高、中程式設計、專題網頁的經驗，也才能得以親自參與討論。

千萬別只做同一件事

沒有一種模板屬於成功，更沒有特定的樣態足以稱作成功。我所能分享的，充其量不過是總結短短幾年來在學習階段所獲得的體察，就是絕對不能拘泥於現下的身分、領域、環境，而自限向外探索的機會。

我絕對是一個幸運的人。但我也始終覺得，在每個人每天均等的二十四小時中，所完成的每一件事、收穫的成長與經驗，就像是遊戲裡定量的技能點數，不會誰一定比誰具有絕對優勢，如何分配、設定角色屬性，才會影響接下來的冒險旅程！

這是一條用熱情打造視野的長路

人類系
王彥鈞
明道中學畢業

我是今年大四的台大人類學系學生王彥鈞，回過頭來，跳進考古這個坑裡也有四年了。自從高中時參與科博館在台中海線的考古發掘計畫，同年考上台大人類學系後，就開始陸續協助不同的老師在台灣或國外四處跑。雖然參加一次發掘就會整理像山一樣高的陶片石器，照理來說已經看到感覺疲乏了，但想到過去人們如何在這些已經是城市的地方生活，仍會覺得難以置信。我認為我不怕髒，愛往野外跑，而且對於探索過去有很大的耐心與熱情，才能一直待在這條路上。也希望這篇文章同樣能像是一塊石器或陶片，讓有緣的你不知道何年何時看到後，也能帶著熱情與準備橫衝直撞的心，揮著小平鏟進來人類學系。

如果你從小就有考古夢

高中的課業很繁重，也讓人很迷惘。如果說對理組學生而言，家長與老師總會期待自己的小孩去讀醫科或電機，那對文組學生毫無疑慮就是法律和商科，反正不是幹正經事就是要發大財。社會看待那些對文學或是社會科學有興趣的學生非常不友善。我自己比較幸運的是，高中數學爛到父母覺得爛泥扶不上牆，只好放手讓我愛走什麼路就走什麼路。而我從小就對博物館那些古老的東西有興趣，所以國高中偶爾就會到科博館裡看看化石或是人骨之類的，並在意識到自己數學那麼差，絕對不能走地質後，立志考台大人類學系。當然決心要進入考古學，就應該要多多參與相關活動，屏除這在備審很好用外，我就是喜歡這些東西嘛，何樂而不為呢？

回想當初自己找機會到遺址實習是很明智的選擇，縱然我自認已經先讀過許多書了，但當我高中第一次踏進考古現場時仍然很驚訝。冬季的台中海線，風也如浪一般，將人與草吹得七葷八素，而考古隊則在圍牆旁與小小的考古探坑中工作。一堆堆的陶片在用籃子從二乘二平方公尺的考古探坑中遞上來後，便以密封袋記錄層位，再放入看起來隨處都能買到的大藍色方格籃中；各種不知道用途的石器伴隨其他被丟棄了四百多年以上的陶片，一直到預定結束發掘日之前，都還不斷和地下水一起湧出來。突然之間，和只會出現在網路新聞上的考古工作及只會出現在博物館中的史前文物這麼接近，一切都讓我措手不及，也覺得不可思議。之所以會建議大家積極參與相關活動，就是因為這些東西平常真的非常難接觸到。縱使台灣考古相關知識是放在國中與高中歷史課本最前面，但考試又會考多少？老師也就因此不會認真去教這方面的東西（當然他們自己可能也對這些不了解）。而如果沒有先參加一些活動、看些書，心理上有所準備，一些原本對考古學有想像的高中生，可能會有很大的心理衝擊，甚至會失望。當然，有的人會覺得我之所以能參與很多考古有關的活動，和台中市的資源比較多有關。台灣資源不均的現象的確非常明顯。台中市有科博館，而作為首都的台北市內更有中研院史語所以及台大人類學系，地理位置上還非常接近十三行博物館，其他縣市與之相比根本不公平。然而，仔細一看，還是能注意到其他區域也有許多研究單位和博物館在舉辦活動。就東部來說，宜蘭的蘭陽博物館雖是一個小型的自然史博物館，也收藏非常多重要遺址（如淇武蘭遺址）出土的文物，而花蓮縣的文化局則一直是台灣文化主管單位中相對積極的，像去年便在將軍府舉行史前玉器展，而且也是少數將許多遺址發掘報告公開大眾下載的主管單位。至於南部近年新辦的成大考古所及明年即將開放的史前館南科分館，對考古知識的普及也有非常大的幫助。

不過，其實最重要的資訊來源則是網路資源。舉例來說，開放教學平台（edX之類的）就是非常有用的資源。我高中時就有旁聽威斯里大學的生物人類學課程。除此之外，最有用的平台其實是Facebook。學長姊們以及各界人士在臉書創的社團與粉絲專頁，對想認識考古學的人很有用，高中時我有很多資訊便是來自考古社團Hello Taiwan Archaeology，由於這個社團絕大多數活躍的社員都是考古學家，因此在上面提問都有很大的機會得到教授們直接的回覆。想當初我便初生之犢不畏虎地在版上詢問跟大學入學有關的問題，也因而開始認識教授及其他研究生。總之還是強烈建議大家要積極接觸各種資源，才能比較了解自己到底是不是真的對當代的西方科學式考古學有興趣。

自然科斷捨離？

另外，也想提醒大家不要放棄自然科！也建議如果是對自然史（考古／地質／生物／化學等）有興趣但還在猶豫要選擇往哪邊走的同學，可以嘗試台大人類學系。人類學研究的不僅是人類本身，也包括人與自然間的互動過程，考古學只是將這些過程埋到地底之下。因此做人類學研究，其實可以把地質學、生物學和化學等學科一起納入。以地質學為例，比較廣為人知的大概是岩相分析。由於許多古人所做的東西都會以石頭當作原料，或是不小心混入礦物，因此從陶器甚至紅磚的切片分析，就能知道這些東西是不是台灣產的，以及可能是台灣哪邊製造的。高中時的我以為考完學測後，就可以和自然科學「從此分兩地，各自保平安」了，天知道我發表的第一篇海報論文就跟地球化學相關。當然就算高中自然科不好也可以在大學時再摸索，但我覺得高中有扎實讀自然科，大學再一步步從普化、普生讀上來是比較完整的。或許有人會覺得自己以後想做的，可能是歷史時期的陶瓷考古或史前人類社群的研究，與自然相關性不大。但不能忽略的是，如果沒有對自然科學的基本知識，未來就沒有那麼容易與其他學科的人對話了。

最後想說一些進來人類學系之後可以做的事情。除了持續跨領域學習以外，也建議想走考古學的大家不要直接就把文化人類學丟到一旁。考古學作為一門社會科學是非常重視理論的。過去學者們提出的理論提供了一套套思考族群行為的模型，對這些理論的批判也會讓有相同思維模式的研究者意識到自己可能的迷思，而研究當代社會的文化人類學，簡直就是考古學家借用理論的寶庫。另外有興趣實習的同學也可以積極詢問教授是否有相關計畫需要工讀生協助，即便是室內標本整理工作也好。自己的研究議題有可能就在親手檢視標本中發現，同時也可以讓教授或學長姊比較認識你，未來有考古發掘計畫也有機會找你一起去。

考古學是一條極需累積經驗的漫漫長路，可能看似荒涼孤寂，底下所埋的寶藏卻令人驚豔。唯有耐著豔陽及暴雨，用堅定的熱情慢慢搜集與認識資料，才能用更宏觀的視野看清從前。

我從堅持學到的事

化工系
趙予辰

北一女中畢業

我是趙予辰，台北人，畢業於北一女中，是北儀五十的一員，目前就讀台大化工四年級。我從小便夢想成為一位科學家。而今天，我想向你們說說我錄取幾間美國常春藤理工博士班的故事。

你們或許會想，大學畢業直接赴美以全額獎學金讀博班，聽起來十分遙不可及。但其實高中時的我，考不上數理資優班、考不進校內物理或數學培訓，還常常因為大大小小的挫折，憂鬱到無法正常思考與做事。雖然現在的我仍舊距離「成為一位科學家」相當遙遠，但希望這一路上的經驗談，能讓有理想抱負、卯盡全力卻處處碰壁的你們，願意再努力堅持下去。

不是「頂尖」，可以成為科學家嗎？

高一時對一個網路上看到的「Exclusion Zone Water」現象感到非常有興趣。Exclusion Zone Water 現象是指，在很多親水性表面，如離子交換樹脂表面等，附近的「各種雜質」會被「水的第四態」給驅離上百微米遠。因為想了解這個現象，以及想了解自己喜不喜歡科學研究，我主動請求在台大應力所江宏仁老師的實驗室學習。透過一次次實驗，我們發現過去文獻提出的理論並不符合實驗結果，而我們進一步依照實驗結果，提出一套新的理論來解釋我們所觀察到的現象。我就這樣在科學研究裡，逐步被理解現象背後真實的過程所吸引。這個研究結果讓我在高三時拿到國際科展三等獎，而我在不久後也發現，學界知名期刊PNAS先前有篇論文也提出類似的理論。江老師笑道：「那表示這個問題有人關注，而且我們不笨嘛，只是慢了點而已。」這讓我深刻體悟到：學習過程中的收穫，才是最重要的。

我一直想讀物理系。高三時我同時申請上：加州大學聖塔巴巴拉分校物理系、清華大學物理系，與台灣大學化學工程學系。因為沒有獲得獎學金，家裡最終考量到美國大學學費昂貴的因素而作罷。當時憂鬱嚴重、同時考不進校內物理培訓的我，十分擔心自己在講求聰明才智且考題刁鑽的物理系會過得很痛苦，甚至導致大學畢業後再也不想接觸物理研究。同時，因為前述研究過程中有接觸到一些化工相關概念，我十分認同台大化工的核心課程結構，我也喜歡化工領域的研究主題。我認為在一個「不期待學生都是天才，但期望學生能穩妥奮鬥四年，按部就班學完大學課程」的系所，我能好好調整自己的精神狀況與偏激性格，因此我選擇進入台大化工系就讀。

升大學的暑假，我參加了吳建雄科學營。讓我印象深刻的是，一位生奧金牌的朋友，一直嚮往的其實是物理，卻被老師「勸退」去拚生奧；這讓我開始覺得，不管一個人有多厲害，總可能覺得自己天賦不足，在飽受挫折下也只能咬牙繼續拚搏。趙丰教授跟我們說：「要對自己有信心！這樣不管是否真有能力，都會表現得比較好，也會過得比較快樂！」我在科學營認識好多真心熱愛科學、志同道合的朋友，也讓我發現自己並不孤單。因此升大學前，我立志要在接下來四年專心讀書、做研究，以期在畢業後，出國直攻博士，繼續追尋成為科學家的夢想。

努力，相信自己還可以再進步

然而因為高中三年沒有養成良好的讀書習慣，所以剛上大學的我，不懂得妥善安排讀書進度，更常常不知道教學與考試的重點何在。即使投入所有時間讀書，成績仍不見起色。幸運的是，大二時我認識了一群同樣想拚出國讀博的同系朋友，除了上課與做實驗研究以外，學期間一群人每天都相約交誼廳，讀書到晚上十二點。一起討論課程與作業問題，也互相鞭策學習進度，唯一的喘息時間是偶爾拱人去買多力多滋當消夜。幾個學期下來，我逐漸習得讀書紀律，成績與系排也都穩定進步。我非常感謝有這些朋友的陪伴，讓我在化工系的這幾年過得滿開心的。

江老師一直鼓勵我不要去限制自己對不同領域的探索。他總是說，人的能力其實都差不多，只要能克服剛接觸新領域時的信心缺乏，而後願意花時間專心學習，我們都可以不斷學習新知，讓自己愈來愈進步的。江老師自己一路從大學讀植物系，雙主修化工系，研究所讀應力所，最後則取得日本東大物理博士。剛進大學時，除了讀好化工外，我原想雙主修物理、輔系生技。但大三之後逐漸對修課考試感到疲乏，我也不希望選課自由被雙輔系規定綁架，因此最後沒有完成雙輔系，但卻修了幾門物理所、應力所及生技所的研究所必修課程。修習這些不同但相關領域的扎實課程，經常需要花費極大的時間與力氣，但這些課程幫助我更好地掌握核心科目的理論脈絡與解題邏輯，同時讓我和老師討論論文與研究問題時更為起勁。

大學期間，我盡可能把所有時間投注在讀書與做研究上。在江老師的實驗室，只要我能夠說明為什麼這個題目有趣，以及向老師說明這個研究問題的意義，江老師總會支持我們自由選擇喜歡的研究題目，而後在實驗研究過程中逐步修正研究方向。我陸續做過幾份有趣的研究。例如，大二時，朋友們和我一起用DNA摺紙技術合成了一個可以伸縮的分子肌肉，大三時我們團隊以這份研究，代表台大參加在加州大學舊金山分校舉辦的生物分子設計競賽，並幸運獲得金牌。又例如，我目前的研究題目是想以實驗量測主動流體中的壓力，因為它們屬於非平衡物理的範疇，有很多理論在討論非平衡系統裡，平衡熱力學裡的常見觀念（如壓力）是否仍然適用。但這方面實驗研究相對少很多，因此我想以實驗量測主動流體中的壓力。然而，縱使至今到了大四，我仍對江老師感到抱歉的是，因為花費過多時間在追求更好的成績，使得投注在研究上的時間遠不足以好好磨練研究能力，以致今天尚無法完成一份完整的研究、發表論文。

感謝博士班申請有幸運相伴

由於不想和系上強者朋友們同屆申請，以及不想在大四仍繼續對成績錙銖必較，因此我決定大四上申請美國博班，並預計大學一畢業就接著讀博班。在美國，大學畢業可以選擇讀碩士（就業取向），或直接讀博士（研究取向）。此外，以美國大學工學院而言，通常碩士班不會有獎學金，但只要能錄取博士班（約讀五年），對方都會提供全額獎學金，外加補助足夠的住宿與生活費。因為我嚮往未來職涯繼續做好玩的研究，我不想當工程師，因此選擇直接攻讀博士。申請博班主要需要準備：成績單、三封推薦信、

CV、Statement of Purpose（SOP），以及GRE與TOEFL。大學成績單可能是申請博士班最被看重的環節，因此從大一開始，相關領域的所有核心課程，都要盡力拿到夠高的成績。可能因為大學期間閱讀的論文不少，平時也都會跟著教學進度閱讀教科書，因此暑假及大四上我考GRE與TOEFL時，語言部分都獲得滿高的成績。我很幸運地認識很多非常厲害、人又非常好的教授，加上自己平時非常喜歡問問題，因此有幾位很熟的教授願意幫忙我的推薦信。此外，很幸運的，獲得高中時教我數學選修課的成功大學數學系許瑞麟教授的協助，花了五個月時間，重寫至少五個版本後，我完成了我的SOP。我的興趣與研究經驗主要在軟物質與生物物理領域，我依時間序描述主要三個研究經驗，中間穿插說明我修過的相關課程。SOP裡研究的部分，我盡力簡要且有邏輯地說明：為何想做這份研究、研究過程中遇到什麼問題、以什麼方式解決，以及目前得到的結果。有一位在哈佛做 quantitative biology 研究的教授，因為被我SOP裡描述的研究經驗吸引，約我面試。面試過程中，教授又問了更犀利的問題（其中一份研究的實驗如何設計、我是如何研擬一份研究題目、我的研究策略、博士預計想做什麼研究等），好在有江老師從高中到大學期間給我研究上的扎實訓練，讓我能順利撐過面試，最後幸運獲得哈佛工學院的錄取。

過去半年來，在和許教授對談與重寫SOP的過程中，當我學會以客觀的角度回顧自己從高中到大學期間的人生，我很驚訝地發現自己很感動，因為我開始理解現在的自己為什麼會「長這樣」，其實每一個經歷與轉折背後都有原因。但同時，我也感到有點難過，因為我開始發現一直以來非常充實快樂的日子裡，其實犧牲了很多對個人生命而言很重要的過程，例如：少了很多時間陪伴家人；較沒有機會結交背景不同、思考觀點與人生理想迥異的朋友；沒有嘗試更多的職涯可能性；沒時間發展讀書與研究之外的長期興趣等。總覺得大學期間，自己在「處處和別人比較」的過程中，雖然激勵了自己在課業與研究上持續進步，但同時也將自己塞入了另一種升學體制下的既定框架。我一直很感謝高中時愛玩的我，使得自己大學時能認命的專心讀書做實驗，但我希望自己在攻讀博士期間，能學習當個有溫度的人，學習達到工作與生活間的平衡，並盡力多花時間陪伴身邊的家人朋友。

一路走來，我非常幸運的獲得了非常多人的幫助。我十分感謝所有給我鼓勵與陪伴的家人朋友。希望今後，我也能以自身之力做有意義的事情，幫助到更多周遭的人們。也希望耐心讀到這裡的你們，能摸索出自己的方向，並在逐夢途中過得充實愉快不後悔。

Take pride in how far you have gone, and have faith in how far you can go.

不專業夢想家——在自己的時區裡，你沒有遲到

心理系
張茗筑
景美女中畢業

我是張茗筑，台北人，景美女中語文資優班畢業，透過繁星計畫上了台大心理系，現在正在雪梨，以交換學生的身分度過大四這一年。

我的夢想是成為歌手，或是演員，最好是音樂劇演員，總之就是想成為一個表演者。寫下這句話的時候，突然覺得一個已經二十二歲的人還總是把夢想掛在嘴邊，聽起來好幼稚又不切實際喔，但或許正因為這個聽來無比天真的想法，我才能堅定地在這條路上前進著。

從小我參加朗讀比賽、演講比賽都有不錯的表現，所以對舞台並不陌生。而若硬要找到一個確切的時間作為正式開始喜歡唱歌的起點，我會在小學三年級的地方打上記

號。當時參加校內的英語說故事比賽，規定用一首歌說一個故事。那次比賽我得到了第二名，才發現原來在做一件讓自己快樂的事情的同時，還可以被看見、被肯定，在那次經驗中獲得了自信，從此，唱歌好像就對我產生了魔力，而我也就自然地站上了舞台。

他人的成功不等於你的失敗

然而，喜歡歸喜歡，國高中的我不只一次參加校內的歌唱比賽，卻從未得獎，連晉級的機會都沒有。媽媽常說我是打不死的蟑螂，經歷過無數失敗還是執著，外面漂亮又會唱歌的人多得是，父母勸我別太在意外界的評價，把唱歌當興趣就好。但我始終記得一句話，「Another woman's beauty is not the absence of your own.」我相信即使有才華的人比比皆是，這也不該是阻止自己前進的理由。一路上，我們會遇到很多競爭者，但最大的敵人還是自己，在向自己認輸之前，沒有人可以說我們失敗了。

對唱歌的喜愛漸漸擴展到表演領域，所以考大學時的第一志願是台大戲劇系，但因繁星計畫到了第三類組的心理系。我一直覺得心理學是有趣的，與人有關的事物都令我好奇，可惜並非我想要作為一輩子志業的領域。

雖然有些人認為喜歡的事應該當作興趣就好，才不會因為工作的龐大壓力而使其變得乏味、甚至討厭，但於我而言，能夠把熱情傾注在職場才是夢想的達成。抱持著這樣的心態，從大一開始，除了系定必修，我也選了一些系外的課程，並投入不少心力，有時覺得自己似乎有點不務正業，但這卻佔據我大學生活很重要的一部分。

初生之犢不畏虎，雖然以外系的身分要修到戲劇系的課很困難，我還是在大一上就去挑戰了戲劇系的課。當時我甄選上「歌舞劇演唱實作」這門課，對我來說意義非凡，因為是把我最喜歡的兩件事——唱歌與演戲——結合在一起了！「音樂劇」的大門也正式對我開啟，自此我對音樂劇有種浪漫的執念。還記得每次去戲劇系館上課，都覺得自己像是偷偷闖進神聖禁地玩耍的小孩，忍不住要偷笑——每週三是我大一上最快樂的時光，最後和大家一起完成期末的呈現，更是讓我渾身充滿了力量。抱著對表演的種種想像進來，親身經歷了一切，除了表演以外，還有拆裝台、彩排、服裝等，每一個環節都讓我再次打開眼界，看到劇場內的絢麗與可能，更堅定了我對這個世界的嚮往。

那年暑假，我送出了雙主修與輔修戲劇系的申請。沒想到隨著放榜時間逼近，內心愈來愈忐忑，被各種焦慮填滿，倒不是擔心落榜，而是竟然開始害怕，萬一真的錄取——我會不會後悔？戲劇系會不會跟想像的不一樣？當劇場成為我的日常，我還會不會為它痴狂？說到底是不夠有信心，開始對自己產生各種質疑。加上父母從來都不希望我走這條路，所以是瞞著他們準備申請的。最後是在落榜後，我才鬆了一口氣跟他們說：「跟你們說個好消息，我申請了戲劇系雙輔但是沒上！」有時捫心自問，會心虛地認為，我不過是不願承認自己的害怕，而拿父母當作原地踏步的藉口。

鍾愛的戲劇系落榜之後

話雖如此，落榜之後竟有種豁然開朗的感覺，好像是把給自己的負擔放下了！確定沒錄取的那一刻，我在心裡做了好多個決定；對劇場的執著依然是我生命中重要的足跡，卻不必是最大的羈絆。我仍持續地修了其他戲劇系開的課——包括導演概論、歌舞劇演唱實作二、體演文學、劇場實驗等，也跨校到師大修了兩門劇場相關的課，一堂理論、一堂實作，還演了一齣英語戲劇。在過程中，心態也海闊天空了起來，其實要抵達同樣終點的路有很多條，端看自己想完成它的心意到底有多強大。

在看戲與修課的過程中，更大的收穫是結交志同道合的朋友，其中我特別感謝一位戲劇系學長給的機會，讓我一個外系生在沒有任何經驗的情況下，兩次在他的劇組中擔任導演助理；即使不是擔任演員的角色，以一個幕後人員的身分在劇組裡工作，更能夠全面地了解製作一齣戲的背後有多少面向要設計、考慮，我就是個飢餓的海綿，努力汲取這些寶貴的經驗與養分。將自己浸淫在戲劇圈裡、短暫當個「劇場人」的那些日子，最常閃過腦海的想法是，我果然還是好喜歡這一切。

在大四交換的這一年，我修習了表演、電影、設計、繪畫等相關課程，讓自己完全地被興趣包圍。記得某堂課，看著老師授課時傾注一生熱情的模樣，我的心也跟著飛揚起來。想到整個學期下來修的每門課都好令人喜歡，不自覺地揚起了嘴角，能夠選擇所愛、讀自己有興趣的東西真的好幸福。

在台大心理系的這幾年，探索其他領域的同時，也在不知不覺中、按部就班地把心理系的課修完了，對心理學領域有了大致的了解。有時我會問自己，如果未來不走這條路，會不會有點可惜？雖說在雪梨修習的課程跟心理學都沒有直接相關，但慢慢也發現，過去所學並非全然無用：在練習表演的時候，心理學中對於生理反應與情緒的理論非常有幫助；上戲劇理論課時，認知失調、錯誤歸因等是我很喜歡將其融入討論的主題；戈夫曼（Erving Goffman）的《日常生活中的自我呈現》（The Presentation of Self in Everyday Life）則是在心理系的社會學必修課中出現的內容，對我目前的學習也有所助益。相信大家在讀一些令人頭痛的科目時，難免會有種被困住的感覺，但我認為天下沒有無用的學問，若能把握住任何學習機會，在往後會驚訝地發現這都是能夠滋養自己的養分。

每個人都有自己的時區

做任何事情，我認為最困難的就是「起步」。長久以來，我都很想要開設一個放自己唱歌影片的平台，但直到二〇一七年的寒假才終於付諸行動。即使到現在粉絲不是很多、規模很小，也沒有定期更新，但至少我知道只要這個頁面還在，就代表我仍然帶著夢想緩緩地前進著。當你不再因為猶豫而止步，只要專心往前，無形中也許已經翻越一座座山巔。開了粉專之後獲得了一些機會，像是交大的朋友舉辦金Go盃歌唱大賽，請我拍攝麥克風的開箱影片；我也收到了在峨眉鄉「東方美人茶節」表演的邀請。雖然都不是什麼了不起的成就，但我把握每個新機會給我的磨練與肯定，沒有哪一步是白走的，每一步都有它的價值，每一步都在拉近我與夢想的距離。

我最大的恐懼其實是總覺得追夢的腳步好像被一些事情耽誤了，特別在表演的領域裡，年紀經常是一個被放大檢視的元素，看到很多比我年輕卻已有一番作為的人，不禁會害怕自己是不是不管做什麼努力都已經來不及了？但內心深處有個聲音告訴我，時機不對又是另一個我為自己找的藉口，其實每個人都有自己的時區，每個人的步調本來就不同，不用因為其他人跑得比你快就感到緊張——這是我到現在都還要時時提醒自己的。

大四這一年是很多人申請研究所或為出社會做準備的銜接年，朋友們有的在實習、有的在工作，還有好多人已經確定錄取研究所；反觀我的大四一整年卻在澳洲過著看似沒有目標的生活。雖然這一年除了學校課程，也參加過不少活動和表演，不失為一種學習；但不可否認身在南半球的我，一回到台灣要面對的就是「畢業即失業」，難免會感到徬徨。不過就像一個朋友曾經說的，有些事即使現在還沒有找到最適合的解決方式，一旦我們去嘗試了，就是一個有希望的開端。現在的我還無法確定接下來的方向——是再進修或直接進入職場——即使未來是個未知數，我相信任何形式的發展都有它的價值，每一種安排都是最好的安排，最重要的是不讓自己後悔。

我覺得自己是一個有點矛盾的人，好像做什麼都順其自然，認為船到橋頭自然直，但又不願意百分之百的認命；我相信在逐夢的過程中所留下的痕跡會永遠保有它的意義，在這條路上，也許我走得很慢，但我會一直走下去。

確立通往夢想的航線

日文系
謝景堯
長億高中畢業

我是就讀日文系的謝景堯，母校是台中的長億高中，這樣一所小而美的社區高中裡，沒有一中女中程度的強者在，平凡的我，靠著機運、努力，還有絕不屈就的心態，幸運地考上了台大。然而進到這個自由的學習殿堂後，我一度迷失在其中，到大四以前，我數度懷疑過自己的人生高峰是否停滯在放榜的那一刻。

漫無目的載浮載沉的大一

回溯到大一課程剛結束時，我起了轉系的念頭，這和高中時期篤定要念商學有些關聯，尤其參加了台大國企舉辦的營隊後，便懷抱著考進國企、未來闖蕩投銀的妄想。起因是在日文系的第一年現實不如想像中美好，我在台大的第一堂課，是跟著老師一筆一畫地把五十音寫出來，而往後的日子同樣學著日語的簡單句，背著雜七雜八的介詞、文法，再結巴地拼湊出一句不自然的日文；等於大一的生活充斥著背誦的學業，生活開始變得無趣、找不到前進的方向。後來幸運地得知我的直屬學姊正雙主修國企系，才讓我萌生想轉換跑道的念頭。在詢問學長姊後，得知經濟系的性質接近管院，轉系的難度也較低，當時視野狹隘的我以為轉出日文系，往後的生涯就能一帆風順。只是當時沒有想到的是，想雙轉去管院、經濟系的人在台大如過江之鯽，而且轉系後是否就能過著自己理想中的大學生活，我也沒辦法驗證。

於是在升上大二那刻，為了達成轉系的目標，我做了三件決定：在學業上退掉系上必修課程，全面選修經濟系的大一大二課程；社團生活則是引退社課空出時間；課餘就往圖書館跑。當下看起來很熱血也很積極，現在回想起來卻只是有勇無謀和蹉跎光陰。修習經濟系課程才不過幾週，我就因為基礎知識不夠，得開始花費大量的時間想辦法理解抽象的理論，另一方面基礎的經濟學課程更需要靠大量實作來鞏固知識，在兩個年級的課程夾攻下，從下半學期開始，上課開始恍惚、課後重複聽兩三遍上課的錄音變成了例行公事。不出所料地，在面對期末考靈活的題型時，我毫無招架之力，最終得到的只有慘不忍睹的成績，而轉系的念頭也在短短一個學期就成了痴心妄想。

碰上徹底的失敗後，那滿腔熱血才冷靜下來。省思自己所做的決定，深深體會到單單地孤注一擲和越級打怪，還有沒來由的自信，除了導致失敗以外，沒考慮到的那些消逝的成本，是損失了向外體驗活動、累積人脈，或是鞏固本科專業的整整一年。升上三年級後，開始意識到已經沒有本錢再莽撞一年，轉系的失敗也讓我對自己的學習能力失去信心；而當我環視周圍，發現日文系同儕們都持續朝著自己的目標前進，有的得到實習機會、有的考到日檢一級，回過頭來看看自己，不免對未來感到迷惘和一陣絕望。

東京一行使我認清航向，劃破迷霧

在消沉的日子中，一時起意安排了一趟東京之旅。東京就像大型的台北，高樓林立，交通建設完善，但同時也更加地鋪張、繁華，街道充滿秩序。旅行的日子裡，我發現自己十分嚮往在東京這樣的大都市生活，於是萌生一個想法：「要不，就把這裡設為生涯的下一站？」但經歷一次有勇無謀的失敗後，對於這種「狂妄」的念頭，我已經知道必須從現實面檢視可行性，也就是更需要「以終為始」來判斷自己還需要達成什麼樣的條件，需要累積怎麼樣的實力，因而我歸結需要有流利的日文或一項理工專業，才有機會在日本職場立足。

因此我接下來的目標，轉向為爭取交換學生的名額，這樣的決定考量了三個面向，分為語言掌握、生活體驗以及職涯規畫。要掌握好一項外語，最快的捷徑無非是製造外語環境，而交換留學的一年內，能夠讓我浸泡在日本社會中，無論是上課或是課後的社交活動，都有大量的機會練習日文；在接觸異國文化方面，則是藉著留學期間，親自體會居住在這所謂充滿「壓抑」國家的感受，並且學習遵循異鄉的規矩、文化，忍受孤身在海外生活的寂寥，由此也能夠確認自己未來是否適合長居於此；而關於職涯規畫這點，我認為透過留學在當地找工作是件低成本、機會也相對較多的方式，不但能獲得第一手的求職資訊，更能利用日本大學所提供的就業諮詢來作為輔助。

撰寫這篇文章的同時，我已經申請上日本筑波大學的交換資格，準備在大四課程結束後前往日本。也就是說，我在大三的一年內，將我的日文程度從四級成功考到一級，並且也維持在系上排名的前半，緊接著在大四一口氣補足畢業學分。落後了一整年要達成這樣的目標，關鍵在於對目標經過深思熟慮地謀略後，會明確地意識到，自己的每個行動都能引導到想達成的狀態；也就是說，認知到自己投資的每一刻，一步步突破的階段目標，都能帶領我朝著留學生活前進，也幫助我在讀書的心態上，變得更加積極與踏實，面對再枯燥的文法時也能帶著耐性理解；隨著日文程度增長，也漸漸能夠從探索日文的內涵得到樂趣和成就感。

秉持以終為始的原則，邁向未來

目前我的人生航道已經直指日本的留學生活，而此刻的我所能做的，是再將眼光放得更遠，謀畫未來想進入的工作領域，思考自己想達到的理想狀態。在謀畫與思考的同時，更希望明白此刻的自己有幾兩重、手邊有多少資源與障礙，進而投資時間及精力，以獲取對未來最大的報酬。例如：以未來進入管顧業為目標，我開始旁聽台大開設的「解決問題能力與實務」課程，吸收顧問的做事心法；另外也選修一堂與創業相關的課程，藉此練習研究大量趨勢科技，讓眼界能夠更加寬廣。由此作為第一步，即便下一步還很遙遠、海外仍存在更多不可預測的變數，也不會感到惶恐害怕。唯有經由認清自己想達到的終點在哪，才能無論身在何處，都可以帶著自信向著自己想追求的人生邁進。

青春與生命交織成的音樂之路

外文系
鄭丞宏
高雄中學畢業

我是鄭丞宏，目前就讀台大外文系四年級。家鄉位在離台北遙遠的國境之南，黑鮪魚、燒王船遠近馳名的小鎮東港。國小國中都在屏東就讀，高中則就讀高雄中學。由於國三時剛剛遭逢爸爸癌症過世，高中時期就打消外宿念頭，決定每天通車屏東高雄念書，也可以讓媽媽比較不孤單。

與音樂的緣分自小萌芽

從小到大，音樂在我的生命中始終扮演著極度重要的角色。爸爸很活潑，愛聽音樂，更愛唱歌給我和哥哥聽。自小，無論是在出遊車上或是全家在家休閒時，一定少不了爸最喜歡的經典西洋歌曲在空中飄揚。除此之外，我們也聽原住民的原聲帶、西班牙、拉丁語系歌曲，以及媽媽鍾愛的民歌等等。對我來說，音樂在我自小的生命片段中便是非常特別的存在；這些歌曲記錄了那些最天真無邪、對世界還懵懂，是被完全浸泡在滿滿呵護和愛之中的美好記憶。

此時，雖然我尚未真正確認音樂這件事將怎麼與我共同編織未來，將扮演什麼角色，但在我生命中的分量卻早已舉足輕重。

一直到國三，父親從生病到過世的短短半年，那段全家人心力煎熬的日子，才終於把我從習以為常的夢幻快樂中敲醒，媽媽為了照顧爸爸，我們兄弟倆從那時起，就經常自己留在家裡面對空蕩蕩的房子、冷清清的空間和再也沒有熱飯菜的餐桌，每天害怕著爸爸的病情會急遽惡化，就這麼永遠地離開我們。當時唯一可以舒緩兄弟倆徬徨不安的慰藉，只剩下童年幸福時光裡陪伴我們的音樂和旋律，每次重新播放，彷彿都在安慰著我們要堅強，穿越時空把我們熟悉的幸福感重新包覆整個家，在我們心冷孤涼時默默陪伴。兩兄弟都知道，音樂裡的溫暖還在，希望就還在。

我便從那時開始歌唱。

後來父親最終還是因為癌細胞轉移擴散永遠闔眼，當時的我剛好接下了國中運動會才藝競賽的主持人，同時報名了歌唱比賽。永遠記得那一次，雖然站在眾目睽睽的舞台上，自己卻反常地全然不怯生，隨著旋律遙望天空，用眼神向剛離去的爸爸道別，把他從小教我唱的歌曲灑進穹蒼，送給已經在天邊的他。最後，我贏得了第一座歌唱比賽冠軍，在被音樂力量震撼感動的同時，更確認了音樂在自己心中的地位，夢想從此開始萌芽。

北上就學好離夢想的入口近一點

上了高中後，對於生命的迷惑和壓力需要出口宣泄，音樂又再一次kicks into迷惘時期的我。在加入了熱音社後，我開始全面醉心於搖滾的世界，它成了我課業不得志時的發洩，更是我高中時期最重要的一塊拼圖。隨後自己也逐漸認知到：音樂對於自己的影響早已不是興趣等級，而是一生所愛。在歌唱時，我獲得全面的自由，全面主導說故事、分享感情的話語權，我對這種感覺愛不釋手；而最重要的是，我幸運的發現別人竟然也認同、喜愛我做這樣的事。

因此音樂也成了我選擇大學的考量：當時的我在思考大學方向時，只知道台北匯集了台灣大部分的流行音樂產業，假如想要朝音樂或相關產業的方向發展，勢必得往台北去不可。然而相反於想像的一帆風順，一切的一切都只是全新挑戰的開始。

進入大學、嘗試一切新鮮人該嘗試的花樣後，我重新定向我來這裡的目的，只是當時演藝圈對我來說既是近在眼前，卻也遠在天邊。隨著大學日子一天天過，我讀書的鬥志也一天天銷磨，加上來到台北之後天氣和環境的變化，不適應之餘，自己又沒有往目標移動的人生停滯狀態，都使我愈來愈倦怠。每天除了痛苦的念課堂西洋文學文本之外，只能暗暗禱告，希望the man above能夠給我一個機會和窗口，脫離這個讓人身心折磨的循環。

成為演藝圈新鮮人

這樣的日子到了大一下學期，奇蹟突然發生。一個當時新節目偶像養成實境秀製作單位找上我的臉書小窗口，詢問我有沒有興趣去試鏡，我二話不說就答應，並成功錄取進入了節目製作。節目預定拍攝兩個月，提供包括舞蹈、歌唱、特技、體能的全面訓練，從此，在整個大台北地區騎車趕通告和練舞成為日常。但拍攝過程並不順利，最後拍攝時間甚至整整長達一年。而自己除了要適應演藝圈本身的高壓環境、圈內價值觀念之外，各式各樣對於我自身才能的質疑，和公司、製作單位，或者和團員的相處等都面臨瓶頸。從一個愛唱歌的路人突然要開始「學會做明星」，其實當下心裡也很難適應這麼巨大的身分轉換。

再加上當時阿公在節目拍攝中途驟然離世，更在我原先已承受的身心壓力上更加重一擔悲傷，身心靈的煎熬此時到達了極致，嚴重質疑自己拚鬥的價值和人生的意義。當夢想、生活、喜好、價值觀幾乎全都與初衷相左時，我感覺自己的人生簡直面臨全面的潰敗。自己到底是在成長還是純粹受折騰的疑問一直在我心中翻攪。而在這個節骨眼，我逼著幾近發瘋的自己重新靜下來，與自己的心靈、回憶、價值觀進行深層的對話、分析和歸納，仔細回想自己最享受這個行業裡的什麼部分，最不能接受哪些，對自己來說，哪些是最最最不能失去的等等。而最終，還是回到音樂，發現了其實自己最想從事的是音樂創作、製作方面，包括作詞作曲等等。我想用音樂去說人生的故事，而非用包裝和視覺物質向觀眾展示才能和純粹漂亮皮囊的吸引力。

回到愛音樂的初衷

花了好大一番工夫想通後，我毅然決定退出團體，暫時回歸學生生活，用比較正常的生活步調佐以學習音樂從事相關工作。其中包括如何自己製作demo、如何宅錄、如何混音等。大二完整獻給了實境節目後，我在大三上開始當家教，也接一些展覽、翻譯工作努力存錢，才得以陸續購入錄音器材以及軟體、設備，終於在大三下完成了第一部屬於自己的cover上傳YouTube，是當時火紅全球的拉丁神曲Despacito。除了音樂本身，另外一個開始嘗試的則是MV的拍攝，好搭配音樂做成影片上傳。而在這方面，我卻大大地得益於之前在圈內所見所聞，觀摩到製作邏輯當底，佐以一股純粹相信自己創作直覺的勇氣去拍片、後製剪接與搭配音樂。其中雖然需要克服的困難很多，但是樂趣和成就感卻是無窮無盡，難以言喻。比起僅是唱跳和依賴包裝，我對這樣的藝術傳達方式得到更大的滿足和成就感，同時也更加確信自己退團這件事並沒有做錯選擇。一直到大四，也仍然持續努力進步，使每次的cover影片品質更好，並且推陳出新。

雖然一路跌跌撞撞，但無論是在大一的徬徨思考期、大二的圈內經驗期，以及到大三redirection和理出大四目前的奮鬥期，我一直在做的，均不是傳統認為外文系該從事的事，而是走在一條披荊斬棘、自己設計想走的路上。截至目前的經驗裡，雖然尚且不算是一個客觀被認為是已經成功的人，但我堅信，對於「一個目標」的認定非常重要。如此的認定會讓人不斷、無條件地去精進關於需要實現這個目標的縮影能力。在能力愈強時，相同頻率、一樣優秀的人自然會靠近，而接著去認識他們、進而取得機會的機緣也會在此時產生。而這些其實都只是源自於「瞄準一個目標前進」的念頭。人人都怕失敗，但是對於自己的決定和直覺沒有自信，而遲遲沒有踏出那一步，卻是讓夢想胎死腹中、遺憾終生的根本原因。只要心裡有方向，路就一定會開始浮現。即便沿途有荊棘，只要看得到遠方的光，就有勇氣拓荒，把屬於自己的路走得洋洋灑灑，大步康莊。

如果你是一個會不斷奔跑的人，請記得放慢腳步

生傳系
顏寧

大同高中畢業

在二〇一五年的夏天，我成為台大生傳系的學生。

身在跨足傳播、行銷、農業等多領域的生傳系中，就像坐上一艘可以任意航行的船，能自由地航向寬廣無垠的海洋，嘗試任何我想學習的事物。「青春、大學、生傳系」，這一切讓生活突然變得遼闊，遼闊得可能讓人失去方向。在大學的四年當中，這片遼闊讓我遇見無數珍貴的機會，面臨必須做出抉擇的茫然，同時也讓我正視自己的想法，並做了許多對未來意義非凡的決定。

沒有天澤聖司的夢想，也要有天澤聖司的勇氣

《心之谷》中，天澤聖司說：「到底能不能去，還不知道；就算去得成，還要看自己有沒有能耐。不試試看永遠也不知道。」

大一的時候，我便迫不及待先修了大二的選修課，學習後製軟體：數位媒體設計。這個小小的決定讓我發現自己對於設計的喜愛，並開啟自學設計的航線。沒有基礎，只有很厚的臉皮和年少輕狂的勇氣，我開始自願負責系上活動的視覺設計，在每次的經驗和錯誤中學習，吸取受眾的反應，作為成長的養分。就這樣產出了很多讓現在的我想永遠刪除的作品後，幸運地，我獲得了一個珍貴的機會。因為喜歡獨立音樂，所以我在大二參與台大音樂節，並擔任行銷部長的職位。在這半年之中，我與夥伴們度過了一段美好的時光。我們啟動所有行銷課裡的理論，在一波又一波的宣傳期裡絞盡腦汁，展開無數次的會議；我們一起經歷偶爾的無人問津，一起見證觸及率和互動率的竄升，一起成就台大音樂節。

在這段時光裡，我也負責音樂節的整體視覺規畫，這是我第一次完整參與設計的流程，一路上是限縮的時間、是壓力，也是挫折。設計的目的是解決問題，如果音樂節是一道數學問題，那當時的我一定是用窮舉把這題的答案算出來的。在這段窮舉的過程

中，我嘗試了許多設計的方法，經歷許多方法上的失敗，最後我把這些體悟都納入囊中，慢慢在設計路上找到屬於自己獨一無二的解法，也開始被他人和自己肯定。但設計對於當時的我而言，算不上是夢想，也談不上是目標。在有限的青春中，我們走在充滿無數寶石的道路上，一顆寶石是一個機會、一個理想。我也曾經茫然，這顆被我意外撿起的原石會不會其實並不是珍珠，只是一隻早已死去的雛鳥？而我卻耽溺於中、浪費了珍貴的青春？但我更不願意讓猶疑和擔憂佔滿我的時間。我的朋友曾經形容我是一個奔跑的人，因為在未來的道路上，我有勇氣跨出未知的每一步，抓住閃閃發亮的寶石。如果當初在音樂節會議中的我，沒有鼓起勇氣舉起手，把原本要外包的設計收回來自己執行，是不是就沒有之後愈來愈熱愛設計的我呢？

別一直奔跑，記得停下來啊

「奔跑」中的我，捨不得休息。雖然喜愛設計，但我最初的理想是能夠進入行銷或傳播領域工作。所以在累積設計作品的同時，也不斷累積行銷實務經驗。在一個個大大小小的經驗裡，我得到了不斷成長的成就感和愉快的回憶。我不想放棄任何機會，所以我把所有休息時間都讓渡給待辦事項，讓自己的二十四小時能夠被完美利用。然而長久下來，這樣的日子漸漸地讓我感到非常疲憊。太過忙碌的時光，反而讓生活失焦。是什麼時候發現自己的生活正在失焦呢？就像再喜歡吃的咖喱飯，每天吃也會膩口，當就算是做著喜愛的事情，也不覺得特別愉快的時候，就是壓力閥已經到了臨界點。

所以我停下來（然後打開雙手），開始好好思考什麼值得在我的生活中留下，又該刪去哪些冗贅的事務。但是要下定決心把東西丟掉是很困難的事。大掃除時，每個人都會捨不得丟掉某些曾經視若珍寶的物品吧。必須猶豫好幾次、做好心理建設後，才能下定決心丟棄，畢竟房間就只有那麼大，但想容納的東西卻好多。在這條抉擇的道路上，我茫然著，是否應該踏上專精設計的道路，改變原本的目標與理想？但同時也猶疑著，我真的了解設計嗎？或者，我真的能在這個領域裡成為優秀的人嗎？隨後在大三，我開始做一些設計的工作，並加入台大學生會，參與一整年的活動視覺規畫，我希望能夠從中找到答案。

「我寫了之後才發現，光是想寫是不夠的，要學的東西還有很多很多。」這一年的工作讓我領悟到的第一件事，就是不要害怕嘗試與面對抉擇。如果真的喜愛，就不要害怕可能面臨到的挫折。如果害怕的原因來自於對抉擇本身的不了解，那就要趁著青春，把想了解的事物都好好的嘗試過一遍。有趣的是，在我更投入設計工作後，我發現我的腦袋居然「不想專心設計」。在工作中，我常常要為行銷活動規畫視覺，但在這個時候，我的腦子裡總是會冒出好多點子，這些點子都是關於如何行銷、如何規畫這個專案、如何執行並讓它成功。在毫不間歇的設計溝通與日復一日相似的工作中，我也漸漸感到疲乏，而這更讓我傾聽自己內心的聲音。在許多令人慷慨激昂、感人肺腑的人生經驗中，故事的走向往往都是勇往直前、熱血沸騰的。但在我的故事中，我選擇停下來，並回歸到原本的道路上。

相信自己是一塊正要被打磨的璞玉

「開拓視野，衝破艱險，洞悉所有，貼近生活，尋找真愛，感受彼此，這就是人生的目的。」——《白日夢冒險王》（The Secret Life of Walter Mitty）

如果沒有去做專職設計的嘗試，我不會發覺自己的熱愛來自於行銷與設計的融合。我喜歡從零開始產出一個企畫、喜歡腦力激盪出解方，也喜歡在執行的時候，能運用自己的設計能力把這個企畫變得完整。從一開始，我熱愛的就是兩者的相輔相成、缺一不可。而在最初的猶疑不定中，我卻從未想過：我其實可能不願意、也不需要放棄任何一方。在經歷了一連串的自我懷疑、迷惘之後，我領悟到了第二件事：在這條閃閃發光的道路上，當我以為必須在兩顆原石之中做出選擇時，才發現我們自己才是那塊正要被打磨的璞玉，在和代表機會的原石摩擦生熱後就能夠發光。秘訣是必須相信自己不是即將落地的雛鳥，並在開拓視野、洞悉所有後，能夠衝破迷惘，做出最適合自己的選擇。

現在，我的實習工作隸屬於行銷部門，我能夠參與行銷發想的過程，也具有專案所需的設計能力，我很喜歡這樣的工作。最後，在這遼闊的大海之中，我終於找到了目前最適合自己的航線、最喜歡的速度，還有能讓我耽溺好久好久的一片風景，當然，未來還有許多未知的航線等待著我。每個意義非凡的決定都是塑造出生活的因子，而勇敢嘗試、自我相信則是生活行駛的動力，我的故事非常平凡，也沒有成功的秘訣，但在這樣平凡的故事裡，我找到了生活的意義。

擇固執，沒有標準答案

材料系
楊青晏
師大附中畢業

我是楊青晏，新北土城人，師大附中一三三八班的學生，目前正就讀材料系四年級。MBTI測定性格為ESFJ-執政官（主人型），若是九型人格測試的話，則為第二型人格。如果要我用一個詞彙形容自己，我大概會用「執著」兩個字，執著來自於我的固執，只要是我希望達成的事，得失心就會成為雙面刃，幫助我達成目標，或是成為最後一根稻草。還記得童年時期在玩拼圖，非拼到最後一片不可的孩子就是我，若無法完成，還會憤而大哭，成為了我成年後最常被媽媽拿出來說嘴的故事。

上大學後，自己對於成績的要求並不高，也沒參與系上的研究計畫，對於學業的要求，多半也只講求不要被當而已。如果要說為什麼，大概得從大三時期開始說起。

大學三年級，一般來說是做專題研究的時間，跟對教授、找好專題、推甄研究所，人生接下來怎麼走也大概有個模樣了。但在準備開始解這條主線任務時，發現自己卻步了，因為找不到一個讓自己「執著」人生十年、二十年的理由，所以我躊躇不前，為了解開心頭的不安定感，我決定騰出一年的時間，去好好了解自己，給自己一個勇往直前的理由。因此我加入了創意創業學程，開始了創業專案，希望能藉此接觸更大的世界，親身走一遭，給自己一個答案。

當付出看不見回報

我的專案名稱為"Solar.ants"，是與太陽能有關的專案，由於發現民眾與再生能源產業間有很大的隔閡，即便政府、財團、NGO為此付出很大的努力，卻一直有道隱形的牆在民眾之前。因此，我們希望藉由"Solar.ants"去拉近民眾與再生能源產業的距離，成為橋梁，讓民眾有機會去實踐心中的永續價值。我們的做法是扮演媒合角色，把太陽能建置廠商跟一般家戶（建築）湊在一起。花了一年時間，在桃園一帶挨家挨戶辦說明會，說服里長合作，在持續不斷的努力下，最後還真的找到近四十家住戶願意在自家屋頂上建置太陽能板，有些還已經與建置商簽完約。

看似順利的專案，在我們孜孜矻矻的奔走下，最終完成的案例有多少呢？事與願違的是，一件都沒有。面臨的挑戰遠超乎想像，違建問題、價格談不攏、建置成本過高等等，民眾參與的熱情隨著時間一點一滴被澆熄。我還記得團隊成員逐漸喪失希望的神情，一切的努力付諸流水，低沉的情緒讓整個空間陷入無語輪迴。每當入夜後，一有機會我就會去喝酒，思考著我到底是為了什麼努力？思考著我要憑著什麼堅持下去……

堅持為民眾實現心中的永續價值

思考的過程十分痛苦，不斷地詢問自己、否定自己，直到最終，我得到了答案。我希望將自己投注在給予社會正向改變上。我希望成為這樣的人，奉獻自我去推動社會正向發展的人，同時也希望有能力幫助這樣的人，讓他們能在追尋夢想的過程中，走得更順暢。找到答案後，我們團隊也找到了發展的方向，二〇一七年電業法修法，開放了再生能源售電業這樣的角色，我們希望成為綠電的中盤商，讓所有民眾能僅僅透過「消費」，就有辦法支持再生能源，透過「消費」去實現心中的永續價值。我們以「瓦特先生」重新出發。

若你問我，該怎麼找到願意奉為圭臬的人生價值？我會這麼告訴你：先坦承。坦承自己對現況的不安，坦承自己的不足，唯有坦承才能讓自己不被自我防備欺騙。當我們能做到坦承時，就可以好好的來與自己對談，我追求的到底是什麼？是一個寄望已久的背影？是功成名就？是家財萬貫？是家庭美滿？這些目標的確都可以互相重疊，但我們得對自我坦承，最看重的到底是什麼，哪些是我在追求目標上的終點，哪些僅是附加價值，像是如果我們立志要家庭幸福美滿，那當我們被物欲所困，逼得自己犧牲家庭投注工作時，我們就得想起我們的終點。若是家庭幸福的話，就不該為了錢犧牲陪同兒女成長的機會。若我們能看透這點，在未來的路上勢必能使內心平衡，勇敢犧牲，勇敢地做出選擇。

「在這個凡事都標明標價的社會裡，你願不願意賭上三年的人生走上一條看似愚蠢、風險又高的路？」瓦特先生的起步很突然，因為商業模式的緣故，若我們毅然決然地開始這個計畫，最少就是三年，換言之，材料系的路是要暫時被擱下，未來能不能再拾起不知道，只知道這就是個人生岔路，想起當初民眾熱情參與的神情、想起未來環境的改變、想起團隊成員的支持、想起我的答案，我要讓這個社會朝向正向改變發展！我已不再猶豫。即便這是條失敗率很高的路、即便看好的人很少、即便要犧牲的超乎想像，但我將勇敢走下去。

跳脫框架勇於嘗試——跨領域的公共參與及社會實踐

法律系
何蔚慈
建國中學畢業

我畢業於建國中學人文社會資優班，目前就讀台大法律系財法組四年級，同時雙主修社會工作學系。從小就生長在台北市，身邊的同學或多或少與自己的背景相當類似，但往往也就是在舒適圈當中，讓我們遺忘了這個世界的真實面貌。從高中開始，乃至於大學的這四年，我不斷嘗試走出自己的舒適圈、同溫層，透過認識一些與我背景有很大不同的青年，了解他們是如何過日子，也了解他們在面對不同的議題時，從他們的角度會如何看待。這個過程並不那麼輕鬆，但卻非常必要。

走出舒適圈，認識真實的世界

大學是一個身分轉換的階段，從過去比較受到保護的學生身分，過渡到進入社會、職場的過程，離開校園代表著脫離過去的舒適圈，從過去學生階段可以主導一切，變成須聽命行事。不管在想法或是做事態度等各種面向上，校園與社會之間確實存在著一個滿大的鴻溝，而在大學四年我所希望做到的，就是盡可能縮小這之間的差異，並在過程中找尋適合自己的機會。

因為建中人社班暑假部落服務，因緣際會接觸到原聲教育協會，也就是齊柏林導演《看見台灣》紀錄片中，在片尾登上玉山、拿國旗唱著拍手歌的布農族孩子們。營隊期間，給了我相當大的震撼，猶記得第一次抵達部落，歷時數小時的車程，沿途看到因莫拉克颱風被壓垮的隧道，以及颱風過後大面積的土石坍方。抵達以後，更是發現部落當中除了一間雜貨店、一間教堂、一所國小，就沒有其他店家或公共設施了，這些就是部落孩子日常生活的全部，但即便在如此匱乏的物質生活當中，孩子們仍然很快樂地在山林中奔跑、嬉戲，這些所見所聞對從小生長於都市的我們，是難以想像的生活形態。

也因此，大學四年之中，擔任原聲的長期志工，課餘時間協助山上的孩子透過視訊進行課業輔導，從認識原聲至今也超過七年了，相較於瀏覽網路上的論述、報導，透過實際的接觸，反而更能夠深入認識一個地方，也在相處的過程中反思我們所擁有的，並開始思考對於偏鄉的醫療、教育上種種的不平等，我們的政府可以做什麼？對於他們而言，實際需求又是什麼？

教育是一個不斷篩選的過程，印象很深刻的是台大經濟系駱明慶教授做過的研究，台大學生近半來自雙北地區，其中又以北市大安區最密集，家中的社會經濟背景高出社會平均值許多。我在學習的過程中也不斷思考，自己肩負著一定程度的社會責任，當我利用所擁有的資源取得較高社會地位的同時，如何運用自己握有的資源來回饋社會。此外，又要如何避免自己被侷限在很高比例相同背景的同儕下，不去忘記這個世界的真貌。也因此，我一直提醒自己，走出同溫層，利用閒暇時間多去社會的各個角落走走看看，或許會有許多不同的想法產生。

我真的喜歡我的科系嗎？

透過大學的這段期間，除了讓自己能夠順利的轉銜進入社會，在這之前對於自我的認識以及探索，也是很重要的一門必修課。

我的學科興趣算是相當明確，從高中對社會科學有粗淺的認識後，便對相關領域有著濃厚的興趣，不過最後還是因為學測的成績及父母的建議讀了法律系。然而法律系其實從來不在我高中三年的科系考慮之中，因為對於高中的我而言，好不容易脫離了國高中的考試苦海，實在不想再讓自己以考試作為目標來學習。此外，當時認為法律系的未來不外乎律師、檢察官、法官等等職業，雖說安全穩定，但似乎就欠缺了對於未來的想像以及更多的可能性。

在進入法律系後，「我以後到底要做什麼？」這個問題仍舊困擾著我。從這個問題延伸出來，也會不斷問自己，高三時做的決定真的是正確的嗎？我真的對這個科系有興趣嗎？甚至要自己回到原點，思考我到底對什麼東西感興趣。面臨到這樣的問題，我認為與其空想，徒增自己的焦慮，或許可以嘗試將科系的專業應用在自己有興趣的領域中。我是在擔任學生會福利部部長期間，明確體會到法律專業也許真的能讓我在有興趣的領域裡有更好的發揮。

在台大學生會擔任福利部部長的期間，主要負責處理學生權益相關業務。在一年的任期中，台大經歷許多波折，從中國新歌聲台大違法出借場地辦活動、研一舍潑酸命案、台大校內英檢違法向學生收費，乃至於最為大家所週知的台大校長遴選爭議等等，其中有不少議題都是福利部必須主責處理，在各項的校級會議以及學生權益議題上，「法律」絕對是最重要的部分，而如何與校方師長「溝通」，則是另外一門大學問。

經過法律系三年的訓練，對於法律文字的熟悉，以及如何在個案中妥當地適用法律來維護學生權益，特別是在校內英檢違法收費的議題上，需要同時配合校內的法規、教育部的法規命令、更上位階的大學法。當時的我撰寫了長篇的法律論述，來闡釋校方違法收費的事實，而後教育部也發出要求台大校方退費給學生的公文。

在一年當中，不斷地接觸法律、應用法律，比起在書本及課堂中冷冰冰的法條還有案例中的甲乙丙丁，來得更為靈活有趣，也確實因為法律的運用，讓學生權益相關議題能有所推進，在這樣的過程當中，也更確定能將自己有興趣的領域與專業結合是很好的事情。

所以當你在懷疑自己到底是不是真的對所選擇的科系有興趣時，不妨嘗試如此的結合，不管是透過尋找實習的機會，或是在學校的一些活動或同學之間的新創團體，勢必可以找到很多不同的可能性。

在不同專業間找到結合的可能

找尋興趣的過程，不僅辛苦，也必須面臨到許多壓力，很多時候不得不與現實妥協，不管是因為成績、長輩們的期待或是未來出路的壓力等等。在大學期間，可以透過雙主修、輔系或是修習其他有興趣的課程，參與課外活動，社團也好、非營利組織也罷，找到跟自己興趣相投的人一起共事，會是一件相當幸福的事。

以我自己為例，其實高中最想念的是政治系、社工系，最後卻念了法律系。但後來自己也用雙主修的方式拿到社工系的學位，算是一個折衷的辦法，更是在雙主修的過程中，慢慢看見社工系與法律系專業可以互相結合的契機。

社工其實相當需要法律知識，不管是在處理家庭、社會福利輸送等議題，會面臨到家事事件法、民事訴訟法、其他社會法等等。同時，法律系學生也相當需要社工專業，因為法律專業必須不斷與自己的當事人交換意見，盡可能同理當事人的處境，並且將複雜的法律條文，轉化為當事人可以聽懂的語言，爭取當事人的最大利益，這些都是社工專業不斷在學習的。法律與社工，前者是工具可以幫助案主實際解決問題，後者是人與人間的理解，讓我們更同理他人，兩者可以有很好的結合，這會是我未來想發展的方向。

給高中畢業生的一段話

大學四年最大的不一樣，就是脫離高中向來以考試為導向的學習方式，不會有人再逼著自己向前，必須要在這個過程中盡可能去找到自己真正想做的事情，同時減緩畢業後進入職場的不適應，能認識到與自己有共同目標一起向前的好夥伴，但也不要忘記走出舒適圈，看看這個世界的真實樣貌，能做到這樣，就不枉費大學的這些時光。

認識自己的侷限

物理系
詹雨安
台南一中畢業

我是詹雨安，台南一中畢業後，進入台灣大學就讀物理系。我是個對學習有著強烈熱愛與執著的人，喜歡探索任何我覺得酷的領域和知識。出於對體制綑綁的厭惡與對自由學習的嚮往，我在大二上學期開始休學，至今仍未復學。

自認「對世界認識太少，不懂的太多」

從國三開始對物理產生興趣，在當時的我眼中：物理是最酷的一門學問，因為它讓我了解到世界是存在「原則」的。

因此，我原本一直堅信自己會在物理之路上耕耘不輟，不過教訓和反轉來得太快，我後來發現：有時候，我們對世界認識的太少；不知道自己不懂的太多，這使得學生時期的許多堅持其實經不起時間的考驗。

轉變是從我高二下用競賽成績推薦進台大物理後開始的，我突然擁有了長達一年半的空白時間，可以進行各種不同的探索與嘗試，而在這些過程中，我逐漸發現了很多跟物理一樣有趣的領域，也頭一次意識到自己對這個世界的許多方面其實仍一無所知。

在有了這樣的體悟之後，從高三起到大一上，我不再全心投入於物理，而把時間花在學習大學數學上。這些數學理論打開了我的眼界，發現自己過去對數學的認知和想像幾乎全是錯的；而從大一下到大二上，我開始接觸程式設計，並投入學習軟體開發和電腦科學理論。我一方面跑到電機系修課，另一方面也自己在研究相關書籍。

這些探索的過程讓我再次刷新了認知，並深刻了解到：對於那些沒有深入鑽研過的領域，我的心態必須更加謙卑。

為了專注於探索未知，我選擇休學

大二上讀到一半，我發現，隨著我有所涉獵的領域愈來愈多，不懂的東西也跟著日益增加。羅列在眼前的是許多未知的領域，而其中幾個，我有很強烈的動機想要投入時間研究。

當下我面臨了一個兩難的情境：我可以很好地應付大學的課業和生活，但是這也讓我變得難以脫離大學的節奏，做一些更想做的事情。

在大學學習的缺點是：好的課程值得聽，但並非每一門課都是好課，也並非每門好課都修得到。另一方面，大部分的課程都有期中、期末考，不管你的步調如何，不管你是否正在對所學的東西做重要的思考，時間一到，就是要放下這些思考，開始準備眼前的考試。

我的個性是只要選擇做一件事情，就會非常投入，並排除掉所有會干擾我注意力的事。而在此時此刻，學校的每一門課和每一場考試，都著實在剝奪我的注意力、佔據我的時間、打亂我的節奏。

所以在大二上讀到一半時，我決定休學，希望能好好花時間重整自己的思緒、學習想學的東西、開發正在開發的專案。

用知識建構世界觀和思想體系

在休學近兩年的時間裡，我每隔一段時間就會踏進一個新的領域，學習用不同的角度認識這個世界。我堅信世界是一個維度非常高的複雜系統，而要理解這個複雜系統的本質，就必須廣泛地從各種不同的面向去認識它（就好比對於一個三維物體，我們必須從許多角度觀測，才會知道它的真實形狀）。

我在軟體公司工作了幾個月，見識了許多不同類型的客戶，並了解到一名職業級的軟體開發者需要具備什麼樣的能力與思維；我探索了幾個宗教信仰，考察著這些信仰的真實性和嚴謹性，以及對個人的意義與影響；我將四個月的兵役服完，認識了許多同溫層以外的人，變得更能接納不同的價值觀與想法；我投入研究人類歷史的發展脈絡，學習用更嚴謹的視角檢視當今的文明形態。

另外，在因緣際會下，我接觸了不少創業者，促使我更深入地去研究創業背後的邏輯，包含文化、使命、價值觀、疊代思維等較為抽象的概念，以及商業、金融、設計、產品、營運、戰略等實務層面的知識。

在學習大量不同領域知識的同時，對我來講，更為重要的是將這些知識逐步連結起來，整合成我的世界觀和思想體系，對世界和自己建立更全面的認識。而最終極的目的，是希望能找到我與世界的契合點，並搞清楚自己到底想要在世界留下些什麼。

在連結整合的過程中，我開始研究東西方哲學和現代思想，並發現我的所有問題最終都會導向一些更接近本質的哲學問題：知識是什麼？科學是什麼？語言是什麼？生命的意義是什麼？意識是什麼？未來世界會長怎樣？我的侷限是什麼？我的人生使命是什麼？

在寫著文章的此刻，我仍思索著這些問題，而當中有許多答案已經逐漸明朗。

在我休學以來做的所有事情裡頭，「用謙卑的態度，主動地、深刻地閱讀」是我覺得最受用、也最不後悔的一件事。即便現在網路上有大量的課程和文章，我覺得它們的成效仍舊遠不如主動找一本想看的書認真地讀它、邊讀邊做筆記。

我篤信閱讀應當講究深刻。過快、過量的閱讀容易讓我們知道的太多，但會用的很少。好好地把幾本書看懂，深刻的理解它、持續地複習它、學會實踐書中的知識，對我來說是更有價值的。

人們傾向篤信自己當下的想法，但人也會成長，並在成長途中不斷地推翻過去的自己。透過閱讀與日常實踐，我提高了推翻自己的速度，更快地看到自己的侷限，也消除了許多既有的偏見，讓我避免做出一些自以為是的錯誤決定。

在高中時，我有時會覺得很多事情我已經懂了、看透了。然而，在這幾年不斷地學習與成長的過程中，我才意識到自己有多麼狹隘。我們並不知道我們不知道的事情，因此人生就是逐步認識自己有多麼無知的過程。我相信，唯有懷揣謙卑的態度，才能看到更大的世界。

看見使我們獨特的差異

社工系
高羽蓁
師大附中畢業

我來自南投的山、金門的海，在新北市長大。幼時和阿公阿嬤在南投過著莊稼生活；學齡後北上五股——不是七股也不是五堵，是五股家具名床大展的新北市五股；從本地最高學府五股國中畢業後，一路在台北市的精華區打滾，幸運的是，我都在心目中的第一志願學習：師大附中、台大社工。我想分享的是關於我們如何看待自己與別人之間的不同。

鄉下人的小故事

討論如何「看待」之前，我們要先能「看見」差異。

猶記大一即將迎接寒假的學期尾聲，同學們討論著過年要去哪，我不假思索地問出：「你們都要回鄉下嗎？」氣氛瞬間凝結，我才發覺在場有不少中南部的同學。我意味的「鄉下」其實是老家，會這麼說一則因為我的老家都很偏鄉；二則因為在台北就學，許多人的家長跟我父母一樣，都是家鄉缺乏發展機會，離鄉到城市就業成家，因而有都市本位的回鄉下之說。雖然同學們也只是虧我個幾句爾爾，但這件事確實影響了我更謹慎地處理與他人有關的價值評斷，尤其在之後社工實習的過程中，面對跟我生長背景、生活處境不同的服務對象時，我會時常提醒自己不要將自我的標準價值加諸在他人身上。我們生活在同溫層中，但也是同溫層讓我們容易將自己的物質條件、想法思考視為理所當然，而在不知不覺中用自己的標準對他人造成壓迫。

因此，第一步，我們要能夠看見差異的存在，進而才能認識、同理差異。

回到鄉下人的話題。我成長的過程一路從鄉村到市郊，再從市郊到市中心。由於環境落差之大，有些差異是我想假裝沒意識到都無法的。高中時我每天五點多起床，恍恍惚惚地走到公車亭，等五股到台北車站最快的免費接駁車，跟一大票學生、上班族擠個二、三十分鐘搖搖晃晃地抵達北門。穿越黑白格子車站大廳，下樓又上樓到中正一分局對面的公車站，搭上信義幹線（我高二時捷運信義線才開通），七點左右成為第一個到教室的人。我就讀附中的語文資優班，不同於其他同學們，我來自一個他們只有下過交流道才有概念的地方。而他們大都住在台北市區，總是早自習時才悠悠晃晃地進教室，且個個英文都流利得讓我不敢在他們面前開口。是啊，我看見了差異，鴻溝般隔在我與同學之間，且他們在鴻溝之上、我在下。此時此刻，我們之間的不同變成活生生、血淋淋的比較。

事實上，我們並非總是忽略差異，相反地，我們經常去比較自己與他人的不同，而有些人（對，就是我）更總是用貶抑的眼光看待自己的不同，因為要將這些「不如人」看作是自己的特別之處，總會覺得是安慰自己的弱者伎倆。

說實話，一直用比輸別人作為鞭策自己的動力並不健康，有些既定事實也確實難以撼動，所以我學會探尋更多差異背後的意義。我看見自己在台北郊區成長所帶來的另一種生命歷程與視野，我發現做「異類」反而能帶給其他人不一樣的經驗與想法。我們都無須執著於我們的差異是否差人一等，因為從來就沒有一個無可動搖的標準，只要發現並喜歡其中的獨特就好。

認識差異的必要

為什麼我認為討論差異這件事是重要的？這背後其實有兩個重要的內涵：一是認識他人、一是認識自己。

「認識他人」不只是「知道一個人怎樣」，而是要「知道他為什麼這樣」。一個人除了受自己內部的生心理狀態影響，外部的其他因子，如家庭、學校、社會結構、文化脈絡等，都是造就一個人的因子。「差異」其實就是需求呈現在表面的樣子，剛開始實習面對個案問題時，常會有「為什麼會發生這樣的事情？」「為什麼我把路都指好了，你卻無法前進？」的OS。我知道我不能因為自己可以，就假設所有人都可以，但要去想像、感同身受跟我完全不同的狀態真的不簡單。既得小心想得太少太理所當然，又須避免想太多太鑽牛角尖，也因此社會工作者往往需花費一段時間建立關係、界定問題並評估需求。不過這些都不會白費，隨著時間推進的，除了你對對方的了解，更包括他對你的熟悉與信任。

「認識自己」則是了解自己的價值判斷如何被形塑，過去生命中的事件如何影響現在的自己，並且能夠即時覺察分析自己的情緒、知道自己真正的需求為何。也是在實習時，我因為向來對自己要求甚高，往往不輕易說做不到、不輕易要求別人幫忙。一次與帶領我的督導討論時，他詢問這樣的實習安排是否可以負擔？有沒有需要幫忙的部分？我當時只篤定地告訴他：「我不需要。」後來更仔細地想，才發現那個拒絕求助不只是因為好強，更深處的情緒是害怕，我害怕提出要求來讓人配合後，自己卻做得不如預期；比起事情做不好的人，我更不想當一個別人配合你一堆事情卻還做不好的人。分享這樣的經驗時，我不是遇到共鳴極強、也生怕打擾他人的人；就是完全沒有這層顧慮，可以全然地將自己託付在他人身上的人。現在的我已經能做到：知道自己的模樣、知道他人可能與我完全不同，但不貶抑自己、不羨慕他人，而能知道各自的優勢與限制，找到調整的方法。

人生在世，與人接觸在所難免，只要我們持續地與人互動，差異便不會停止存在。無論是認識他人或是認識自己，其實都是一個不斷試誤的過程，我們往往會一再推翻自己先前的以為，但我們永遠可以邊做邊改變。只是要記得去面對差異，當你找到接納它、與它共處的方法，那便是一種獨特。

尋覓志向、回饋社會

社會系
徐連毅
武陵高中畢業

我是徐連毅，就讀於台灣大學社會學系，即將直升社會學研究所。書寫文字對我來說非常容易，甚至是我現在的主要工作（兼任研究助理和議員助理），但要給予僅小我幾歲的同學建議，倒是一時半刻都難以下筆。回憶起高中迷惘的時期，有升學也有感情的壓力，我試著以找出志向和回饋社會為主題和大家談談。

非必要卻必然發生的「找志向」

我還在念高中時，想要做的事是當歷史教授，原因是從小我就熱愛史學，所念的讀物也大都和歷史相關，特別是軍事史、政治史、制度史云云，高中在分類組時也自然的選擇了一類組。像我這樣自小就對特定領域感興趣，並把它當作志向的人或有之，但是在當時更多的朋友其實並不知道自己想要幹嘛，或是自己的「志趣」是什麼。

找出自己的志趣是一件相當耗費時間而且通常沒有結果的過程，因為這和你的家庭背景、長輩期待、人生經驗、接觸到的師長、社團、同儕等都有很大的關係，隨著時間轉變，或是接觸到不同的事物，很容易改變你的志趣。以自己為例，我在高二時因為對所讀的高中禁止穿著短褲入校（也就是服儀規定）感到不滿，就在學校內辦報刊，向校方抗議，之後台灣又爆發了以反服貿為主的太陽花學運。那時候的這兩件事讓我發現了課本外的世界，包含學習參與公共事務，並改變一些大家習以為常、但相當不合理的事務及觀念，甚至是深入這件事的歷史脈絡、成因及解方。換言之，這些事推波助瀾地把我從第一志向的歷史系推向研究社會，討論一件事背後的結構性成因的學科——也就是我所念的社會系。在當時，我的分數落點可以上台大法律、政大法律，但我決定把社會系排在法律前面，那是我在家人理解下，並充分了解我的志向和興趣後所下的決定。

從我的經驗要和你們分享的是，在高中職的人生階段，不用對自己找不到志向而感到焦慮，十六到二十四歲是一個想法、價值觀與情緒變動很大的時段。某些重大的社會事件、家庭變革或同儕推力，會很大幅度轉變你原有的想法，你也有可能因為接觸到從未接觸的讀物、人物、網路資訊等，而產生前所未有的價值觀。隨著你離開學校，志向更有可能因為現實的物質壓力而有所屈服，所以我認為找出志向是一件必然但非必要的事。

雖然這樣說起來似乎有些八股，但我相信時候到了，你會找到一個願意投身的領域。要大家找到一個一生都不會變的志向也太不切實際，如果你和我一樣有一個還算堅定的志向，那非常恭喜；但無論是為了所謂「遠大志向」，或只是想過著「平凡生活」、賺大錢，都沒有所謂的優劣。也因此，不要因為你僅認為「我選這個系是不是有點無聊」或「理由很俗氣」（常見的包含爸媽都是〇〇系畢業的、想要賺錢等），就放棄你動心的領域，這些理由沒什麼不好。當然，更不要因為某些科系是「熱門的」，就毅然決然放棄你原有的興趣擠入其中，我在大學四年之中，看過太多同儕就讀他們完全不喜愛的科系，又因為種種原因無法轉換跑道而非常痛苦。希望你們都能慎選，並愛你所擇。

選系或選校？兼談轉系、雙主修與轉學

也因此，我也多談一些選擇校系常見的問題，並分享自身和周遭同學的經驗。首先，許多人都會說科系與未來走向無關；你大學念什麼系，固然和你未來的職業沒有關係，但還是會「很大程度的」限縮你的走向，包含你所接觸到的同儕、認識的教授、學

科的訓練和這個系所資源所觸及到的工作和人脈，所以不可不慎。

但是，如果你志向不明確，最難的選擇往往是校系之爭。我們的社會目前仍看重文憑，而你在大學接觸到的朋友，將來也都會是你社會上的助益，也因此如果真的志向不明，那可以優先選校；但如果你對特定領域已經相當有興趣，也千萬不要因為名校光環就昏了頭（我有位學弟在念了一年後，仍是寧願轉往南部某非知名大學，也要念金融相關科系）。再者，若你選擇了一個事後後悔或是不滿的科系，雙主修或轉系也比較容易；轉學是一個漫長且艱辛的過程，你不僅要負擔兩份學業，也要面臨同儕的眼光及壓力，我身邊轉入台大的朋友大都是苦讀，且極少和原先大學的朋友聯繫才能做到，如果沒有足夠的決心不要輕易嘗試。

取之社會，反饋社會

一旦立定了志向，無論會不會改變，就先勇往直前吧。你可能會被許多人的創舉、多元嘗試、「斜槓青年」等嶄新的詞彙震懾，但是那畢竟是有資本或非常天賦異稟的人的選擇；對於一般人，最好是好好地完成一件事，想要多元嘗試、多元發展也要有基礎的底子和工夫。最後，也是最重要的一點，絕對不要忘記「取之社會，反饋社會」。你將週末看電影、玩社團、聽聽講座、參加比賽的生活視之為理所當然嗎？我們時常參與大小活動、甚至出國遊玩，目的不外乎是為了讓自己「開闊視野」和「體驗人生」，但其實台灣仍有很多人沒辦法過這樣的生活。當然，這不是仍處青春年華的你們該過分操心、甚至是自責的事。

然而，雖然對高中生、甚至是大學生這樣的提醒都言之過早，但是當你高中畢業，你也就是法律上認可的成年人了，逐漸開始有可支配的金錢、嘗試勞動換取報酬，你可能也會開始煩惱住房、保險等等的大小事，換言之，進入大學不僅僅是更換一個學級，同時也是身分上的轉換，更開始有了社會人見習生的感覺。無論在哪個地方、科系或年紀，我們都應該在有餘力時幫助別人、反饋社會，無論是經常閱讀報章雜誌、關心政治事務和國際大小事；關注社會上的公共事務並給予聲援；或是志工、偏鄉教育、服務隊等社團；能力負擔內的捐款和物捐等等。在就學時養成與社會脈動的連接、關心並回饋社會的習慣，這不僅對我們社會整體是正向的循環，也對你自己的人生經驗積累有好處。我想要你們知道，在這社會中有很多人努力過頭而身心俱疲，而有人是即使努力也沒有回報，更多人是想努力也努力不了。希望大家能正視自己的優勢，並將它拿去幫助別人。

最後，對於即將進入大學、開始獨立自主生活的你們而言，都將面臨到一定的衝擊。因為自國小到高中，大多數的台灣教育系統並沒有告訴我們該如何當個獨立自主的人，我們透過考試競爭、被鼓勵用分數、選擇題和「前途」去選擇校系，也因此時常造成應屆畢業生找不到志向，或是對這個社會漠不關心。你們要勇於接手改變這種環境，並透過大學多元的接觸和包容，養成更璀璨的價值觀。我們這一代正面臨前所未有的挑戰，無論是國家定位、國際變局、科技趨勢、產業結構和人口變遷，我們不僅要對自己有信心，勇於面對挑戰，更要時時刻刻警惕自己是社會的一分子，要有回饋彼此的心態，無論處在哪個位置、就讀何種專業，都要一同努力，讓台灣變得更好且獨立自主於國際之間，這是我們這一代的責任與挑戰，所以請記得「尋覓志向、回饋社會」，然後一同勇往前行吧！

成為一個安頓自己與世界的人

政治系
王勝貞
松山高中畢業

王勝貞，Roxy Wang。台大政治系四年級，一九九七年生，現實的理想主義者。相信願景結合行動會使人走向遠方、相信將人文關懷與商業邏輯結合，世界將成為善良又有力量的地方。

一個陽光明媚的早晨，走在校園裡，連空氣都感覺有一些蠢蠢欲動。那是二〇一五年的九月，是台大開學的第一天。

「哈囉，我是Roxy！」這大概是本日第十次的自我介紹。你可能會想問，為什麼一上大學，許多人開始用英文名字作為彼此的代稱？或許是因為只稱呼名太親密，而直呼全名又太疏離，英文名字可以為彼此拉開一個恰到好處的友善間距。

其實過往我的名字並不是Roxy，而是Jane。而大學生涯是個好的開始，至少給自己一個機會去嘗試，在一個沒有人認識我的地方，重新建立自己的名字。

那時的我很執著，時時心心念念的想要去抓住一些什麼，希望可以成為能被人依靠的人。可是這到底是什麼模樣？我並不知道。只覺得前方朦朧，而我得向前奔跑。有的時候真希望噠的一聲將大學生活翻到四年之後、畢業之前，它會告訴我些什麼？

而那就是現在了，此刻是二〇一九年的三月，濕冷的春天。這四年與不同的人事物次次交手，此刻終於可以優雅一些地轉身。如果有機會，我有三件事情想對四年前的自己說：那分別是依循八十／二十法則、認識你自己、選擇勇敢和善良。

依循八十／二十法則選擇自己所要的

「這世界變得太快，你得找到什麼是最有價值的。」

世上總是不缺機會和選擇。各式活動排山倒海而來，時間的安排與掌握是許多新鮮人想問的第一問題。八十／二十法則又稱帕列托（Pareto）法則，主張一小部分的原因、投入或是努力，通常可以產生大部分的結果。這並不是要你不全力以赴，而是「選擇對的地方」再全力以赴。百分之八十的價值，常來自於百分之二十的有效努力，意即有許多的活動是不必要且浪費時間的。此時此刻，我時常懊悔自己在某些時候答應太多事情，而沒有想清楚此趟目的，或是眼睜睜的看著身旁的朋友不停掙扎，花費太多心神處理一些不必要的人際關係和活動。

年輕的我可能會想問，什麼樣的事物才值得去付出？四年下來，我認為「理論與實務」能夠有所結合的地方是值得參與的。我在一上大學時就加入AIESEC（國際經濟商管學生會），這是全世界最大的國際青年組織之一。儘管當時才大一，剛進去社團三個月，年輕氣盛的我即投入副會長的選舉。

經驗的缺乏註定了痛苦的過程，然而這卻是個將自己推出舒適圈之外的良機。我的工作需要實際的產出投影片，並且與NGO或是社會企業提案，這迫使我必須在短時間內學會如何畫出精美的投影片、學習談判與銷售的技巧。因為是實際的提案，可以從經理人的表情、結果是接受或是拒絕提案中知道，這一次是不是做得好，從每一次的錯誤之中快速修正路徑，因此經驗累積的速度、成長的幅度都是很快的。

這樣的經驗也讓我在大二找到一份美商公關公司的實習，開啟我探索職涯的第一步。

你當認識你自己，然後來個「信念之躍」

「你當認識你自己。」——德爾斐（Delphi）阿波羅神廟箴言政治系影響我最深的課程是「現代政治思想」，這堂課讓我知道，必須找到屬於我的價值選擇，而這根基於你是否真的認識自己。譬如無政府主義認為人分為三個階段，孩提、青年與老人。在孩提時期，人們不斷地吸收外在的規範，形成自我。而在青年時期，人們開始有自己的判斷，在不同的嘗試中對於價值觀有所取捨，形成自己的世界觀。更重要的是，在青年時期，人們會開始去遵循某種價值、找到一種類似於人生的「信仰」，這與宗教無關，而是一種只屬於自己的人生觀和生活方式。無政府主義認為人的未來可期，因為無政府主義相信人有能力在未來自我實現。

那麼，什麼是「自我」？「自我」又該怎麼追尋？

大學時期是最好認識自我的時刻了。不論是參加不同的社團、不同的實習工作、大量的閱讀，一點一滴去發現自己喜歡什麼、厭倦什麼，一點一滴去了解自己為什麼而快樂、流淚或是憤怒，挖掘自己的真實樣貌（在學理上稱為本真〔Authentic〕）。當一個人可以真正認識自己，在做一件事情時感到真正快樂而專注，明白此刻正在做什麼、意義為何，他才能在那個領域真正出類拔萃。

在課堂的知識之外，書籍是作者數年來靈魂與知識的精髓，書籍也是最好讓人認識自己的媒介。從大一開始，我建立了每年閱讀超過四十本書的習慣，這些書籍不但在工作與學習上讓我跨出系所的限制，更讓我在不同的語句中找到自己所相信的價值，像是勇敢、堅持、真誠還有擁抱多元。

這些我所相信的價值，是四年間形塑我的一大部分。在念台大政治的四年中，我同時在課堂上學習政治學相關的理論，課後的時間在商業界與商業相關的社團累積實力，信念無他，只是希望有一天將公眾利益與商業的效率結合，世界會因此變成一個善良又有力量的地方。

有時候，我需要去說服企業裡的面試官與商業相關社團的人們，自己是不是夠有資格可以表現得好，甚至得在夜深人靜的時候克服那些自我質疑——「憑什麼？怎麼做？為什麼？」

因為相信勇敢與堅持，在每一次要爭取新的機會時，我願意去嘗試任何高難度的挑戰，這樣的「信念之躍」幫助我在每一年都可以有備受矚目的成績。這四年間，我的實習經驗從新創公司躍到全球前五大的公關公司；又從公關公司躍至全球第二大的快速消費品公司與代理商。我從來不認為自己擁有天才般的智商，只是勇敢去接受全新的挑戰，並且堅持解決各式各樣的問題。

例如在最後一年，我在世界上最大的代理商實習，主動承攬擔任三個品牌產品經理的任務，並且在半年內為公司創造高額的營收。短短兩行的描述，背後其實是三本書、五個前輩諮詢與跨部門的大量溝通，還有在前期累積的、主管交付給我的高度信任。而這些之所以能達成，背後的原因無他，無非是「勇敢」與「堅持」而已。

在「真誠」與「擁抱多元」之上，我很感謝政治系給我的教育，讓我有能力在這個資訊混淆、眼花撩亂的時代去整理事件的脈絡，提出自己的觀點。因為「中國政治哲學」、「現代政治思想」、「政治社會學」這些課程，我們可以理解為什麼大眾如此分裂與激化，政治系的課程讓我們有足夠的真誠與溫柔與他人討論、協商與論辯。去真誠的理解眼前的人，在試著理解與看見不同價值的選擇後，讓世界更加溫柔。

記得選擇勇敢和善良，當一個願意分享的人

「你會用尖銳的方式來展現聰明，還是會選擇善良？」

回顧過去，在大二時我曾經太想將事情做對、太過希望可以達成目標，這樣的急躁、不夠溫柔，使我變得有些尖銳，現在想來仍對那時失去的友誼抱有遺憾，某一位朋友離去的背影大概是我大學生活最遺憾的事情之一。我們永遠都有更好的方式溝通，永遠都有。去同理身旁的夥伴、眼前的人，真正閃亮的人，他所發出的光芒絕對不是刺眼的，而是溫暖照人。

請當一個願意分享的人，因為這些分散出去的寶藏都會化成寶石碎片，以另一種形式回到你的生命中。

安頓自己、安頓自己與他人、安頓自己與世界

這大概就是我最想和新鮮人說的三件事情了。即使前方朦朧，但只要此刻是專注的，更認識自己一些、更勇敢和善良一些，時間會走慢，人也會不慌。

你會學到，在政治哲學中「仁」的意思是「治學、修身、愛人與從政」，祝福你在這四年可以實踐「仁」，達到安頓自己、安頓自己與他人，然後有能力去安頓自己與世界。

做自己生命的貴人

政治系
林至桓
弘明實驗中學畢業

我是林至桓，目前就讀於台灣大學政治系四年級。我的家鄉是高雄市橋頭區。在這種「偏鄉」地方，我的家人不曾期待我有什麼卓越的表現，但是我總覺得自己應該不只如此。從小我就是一個非常積極樂觀的人，也許在課業上的表現不是最突出，但是在人際關係的表現，永遠會吸引其他人的目光。

在十二歲的夏天，我前往了南投弘明實驗中學讀書。在南投，我待了六年。這是一間以佛儒文化為理念、多元發展為目標的實驗學校，也是一個地處偏僻、生活機能不方便的住宿學校。除了健全的正規課程，更提供了多元發展的學習資源，例如我們的音樂課，就是直接去學習一項樂器，我在中學期間練習口琴，也在高二的時候參加全國學生音樂比賽，獲得口琴四重奏組冠軍；校內也有其他特色課程，如武術、國畫、書法、中醫課等等。這種多元學習的方式，背後有一個重要的理念「每日三十分鐘練習」，每天放學之後，所有人都會習武三十分鐘、練樂器三十分鐘。這種持續練習的心態模式，賦予我在未來面對很多事情上，能以非常務實的態度來處理問題，並且建立了「沒有什麼辦不到」的信念。

高中時期，我很務實地選擇英文作為優先學習的科目。當前台灣升學制度下，我認為英文與數學的鑑別度比較高，而未來的使用上，英文的應用層面又更廣，所以先選擇一個自己比較能掌握的科目，增加「成功的經驗」。在我的個人經驗中，一次次小的成功經驗，是撐起馬拉松式考試的重要動力，也是個人自我肯定很有效的一種方式。

之所以成為政治系的學生，並不是我特別熱愛政治，只是當時選擇一個「不排斥」的科系。因為我的數學科目不太理想，因此大部分二三類組、經濟、商業管理等等的科系就確定無緣；而社會科學、文學兩個類科中，我考量的是英文能力應該要應用在哪個領域比較適合，當時有個痴夢相信，如果進入「國際關係、外交」等領域，可以成為電影中外交酒舞會裡的外交官，在觥籌交錯之間為自己的國家爭取最大利益，因此我選擇台大政治系國際關係組為第一志向。

事與願違才是人生的味道

但是當我進入台大政治系，真正認識了這個科系後，我對於外交場域的想像瞬間破滅。這樣的轉變，在現在大四的我看來是件很正向的事情，畢竟在人生道路的選擇上，我堅信「如計畫一樣順利的事情，往往就少了點人生的味道」，這句話不代表做事情不需要規畫，而是以坦然的心態解讀意外的發生。我今日多采多姿的生活，是我在高三時未曾計畫的，面對過程中每一次的意外以及改變，我欣然接受，並轉換心態，好好解決眼前的問題。

在南投這所學風相對封閉的中學，我對於校外的樣貌、社會文化、年輕人在流行什麼東西非常陌生。我深刻明白這個狀況，於是面對問題傾向解決並且接受的我，在確定錄取台灣大學之後，便積極參與各種校外活動，特別是免費的交流活動。連接我高中與大學生活的一個重要管道，就是教育部青年發展署的官方網站，上面有非常多免費、提供給青年相關的活動，隨著參與的項目愈來愈多，也會有更進階的活動、研討會、營隊可以選擇。正是在這些營隊當中，我更加認識到自己善於社交、能夠洞察人際關係之間的變化，並且很大程度地去同理不同想法、觀點，甚至是不同立場的聲音。在參與活動時，我很願意結交各式各樣的朋友，因為我相信愈廣愈深的交流機會，就是促進創新以及對話的開始，而每一段交流對我來說就像是一片等待開發的新天地，那是充滿機會以及合作的地方；與他人的交流讓我認識到了更加廣闊的世界觀，每一個不同的個體，都承載著屬於他們自己豐富、獨特的生命經驗，對我來說都是好珍貴的故事。如果有一件事情造就了現在的我，我想應該就是當年那個很願意去聆聽他人聲音、並且願意熱情分享故事的自己吧！

生命中的貴人

關於感恩的事情，我想談談貴人。作為一個有宗教信仰的年輕人，我非常相信因果以及貴人相助，誠摯地邀請正在閱讀這個段落的你，暫且放下對於宗教的科學式批判，嘗試接納或者聆聽一下我的真心話。我所謂的貴人相助，其實也跟前面提到的「人生意外」有很大的關聯，在有限的篇幅之下，我選擇一個比較非典型的「貴人」跟各位分享，因為我相信大部分人腦中所想像的貴人，可能就是一些很正向、大人物等級的貴人。但是在我高中的貴人其實是我的一位同學。有次我跟那位同學出國比賽，因為他的英文口說能力比較好，所以就在生活上幫助了其他人，也因此得到讚美。當時的我其實有點嫉妒，覺得自己英文也不差，為何因此被冷落。至今印象深刻，我在飯店的浴室，邊沖澡邊立下豪願，未來我一定要提升自己的英文能力，而指標就是「勝過那個同學」。從結果上來說，我做到了，而且某種程度上造就了今天的我。對我來說，這就是一個在生命中對我幫助很大的貴人，但是他從來都不在計畫當中。

當然，生命中還有很多貴人，因為參加活動認識某企業的CEO，所以大二暑假就去德國實習一個月；因為認識某個大學長，所以他的一通電話就讓我進去另外一間公司實習；因為認識一些大老闆，所以在舉辦活動的時候，對方二話不說就捐了數萬元等等。

但其實，這些都不是最重要的。真正決定大學生活，乃至於人生的，其實是「當自己的貴人」。上面提到的幾個案例，難道真的是我很幸運，所以認識這些人嗎？肯定不是，而是在好幾個夜晚的認真準備，以及隨時隨地去找尋潛在機會的企圖心與積極態度。因為唯有自己真的成為了「有價值的人」，那些厲害的人、優秀的機會、美好的未來，也才會跟著靠近你。成為自己生命中的貴人，聽起來好像是某個心靈雞湯的一個段落，但對我而言卻是我會一輩子奉行的真理。曾經有位朋友跟我勉勵，她說「雪中送炭是不會發生的，這個社會只願意錦上添花」。這就是當我們出社會之後，第一個會面臨的現實。其實想一想也是非常合理，畢竟「如果你不是一個有價值的人，憑什麼其他人要幫助你？」所以我經常自我勉勵，只有自己才能幫助自己，成為生命中最重要的貴人。

在最後，送給大家一句話：「我寧願追求完整的人生，也不要完美的人生。」所謂完整，就是經歷所有作為一個人可以經歷的事情，包含各種失敗。

我想與你沏一壺茶，說幾句話

財金系
張凱鈞
建國中學畢業

你不妨駐足一會，我說，當你翩躚的翻過書頁，我不經意捕捉到你安靜卻晶亮的眼神，不妨進來坐坐，我好與你沏一壺茶，說幾句話。

我猜想你是一個高二或高三的學生，我又猜想你對商學院有些許憧憬，我的猜測使你微笑。又或者，你絲毫不落於我畫的淺淺分界，但想再聽一會一個人與一個大學生活，我必定向你說句，歡迎。

如同我坐在面試桌的這側與那側時總說的，我是個多藝的人。國中時我為了在基測緻密的壓力下有些許喘息，撥出了剩餘的時間開始學日文。三年後我故技重施，又學了韓文，大學裡我有幾個法文的學分。正比擬每個學習了第三個和之後的語言的人們，我整天要聽到「你究竟會幾個語言啊」的驚嘆與詢問，我只能竊竊心想：一個語言學到B2（中高級）之前大概是沒有用處的，幸好我可以僥倖的答個四點五。

撇開化學上的化合物結構與顏色，我的記憶力還不錯，無奈數學一直不好。學測時我很快認清無論如何與台大資工系無緣。天底下沒有千年百年的挫折，我打著光榮「回歸」的大旗，決定棄理從文（覺得記憶力應該和文科更直接相關些），在志願表上洋洋灑灑的填上法律系的三個組、外文系、財金系，幻想在一個萬無一失的新天地裡打造一番偉業出來。結果法律系三個組都客氣的給了我備取，早早打磨我的銳氣，我只好看在財金系正取我的分上彎身踏了進來。

我又忘了，你說對商學院有興趣嗎？是與否，這裡都是個小社會。大學是個社會縮影這樣的話只能對個半分，但在商學院裡（台大稱呼它管理學院）這點毋庸置疑。

找到不會背叛你的實力

管理學院是一個完美的社會，因為其中的人們有著共同的追求。錢，在這裡翻譯成一份好的工作。你在管理學院度過一個縮時的一生，大三大四的所謂壯年或遲暮時，有好的工作合約的人受萬眾景仰，一些人不吝給予他們歆羨的眼光，另一些人麻木的呢喃著貶抑的言語，在哪個社會都是這樣。奮鬥與成就不是一蹴可幾，大三大四的工作邀約看重大二的實習經驗，大二的實習千裡挑一詰問你當過幾個社團的幹部，身兼了幾個活動的總召。

所以人們前仆後繼的在新的、不長不短的四年賽道裡奔跑。你現在能了解我為何先向你介紹自己，我的起跑線向前畫了好一些，為我的襁褓沾上了祝福與原罪。大一在全班的自我介紹上，我說：我在學測後的暑假拿了七張金融證照，這樣傻里傻氣的舉動（況且沒有一點實質用處）讓好多人記了我四年。我後來還常和大家說，在管理學院的屋頂下，只有語言和程式的實力不會背叛你。

我沒有說錯，但是心中孕育著悄悄的偏頗。大一升大二時，我因為韓文的能力找到了會計事務所裡的顧問實習，大二升大三時，又到基金公司裡寫自動化程式，還和日本團隊協作當地的案子。兩家公司都破例收了少見年輕如我的學生，以至於大二時，我有機會收到世界最大的顧問公司給的面試機會。我在這兩、三年內活得無比傲氣、無比驕貴，圍繞無數真心與假意的讚聲和奉承。

不去論輸贏，且看如何看待自己

到了大三升大四時，我的是最後一個實習工作，你想，大學的人生幾乎在這裡塵埃落定，你或有一個華美雕飾的宮殿，或僅有路旁風霜斑駁的石碑。我投了幾家大公司，收了幾封拒絕信，然後哽咽，我的過去和未來重重壓著使我夜不能寐，幾個月間我的筷子不時顫抖的落到地上。

可是我沒有輸。就像我當年咬著牙笑著走進了管院，我這時轉身走向我深知堅不可摧的壁壘，我一直在顧問業上懷著天分，但我的驕傲使我不願姑息（投資銀行與顧問業是管院學生的兩大聖杯，前者的薪資又大大高於後者）。對於失敗的恐懼最後讓我拋下執著，在這個暑假拿到了兩個顧問業的實習，平心而論是台灣範圍內第二與第三好的顧問實習，但是我怎麼樣也不算贏了。

夜深人靜之時，我還是聽到那聲如寺廟的晨鐘，有個與我友好的學長在我大二如日中天的聲勢中對我說：你不像我所看過的管院菁英。

所以我沒有贏，我沒有贏到最後，沒有坐上第一，最後也不能帶走什麼。過去一些光輝的殘影還在柱牆之間蕩漾，所以我還浴著一點餘溫。後來的我在那些人人拚搏的窄門旁窺探，我好一段時間不敢再嘗試，又有一些時刻深盼我能轉頭離開。

我不像我所聽過的那些名字，他們長久迴盪在這裡，好像歷史的刻痕。他們在四年之間留下了風光的故事，又揮袖離開，到他們下一場長跑的賽道上去，讓我們後來的管院人代代緬懷。

我沒有留下我的刻痕，我的名字也不會在這裡傳唱，就如同好多其他人一樣。但我已經開始聽到新的故事，現在那些說書裡的主角漸次成為了常與我談天說地、長吁短嘆這四年人生的朋友們……

管院菁英該知道的幾件事

我願意提個問題：究竟什麼是真正的管院菁英？將會來到管院的你啊，我告訴你，英文是最重要的，如果英文不比這裡的任何一個人都好，情願捨棄其他語言，因為它們最後不能在最大的舞台上給你助力。

不要讀太多書，要使你成為一個令人喜歡的人，人們在所有的會面裡，總想和自己最喜歡的人一同工作，而不是那些最會背誦知識或者最謹小慎微的人。也不要讀太少書，你的成績可以在某些必要的時刻拉你一把，要我說，來到管院滿分四．三也得拿個三．九吧。

不要有太多朋友，你不喜歡的人都不會是未來幫你的人，你也不情願幫他們。不要沒有朋友，因為在大學的四年當中沒有朋友，在課業或生活上肯定會出幾次亂子。

不要太注重自己喜歡什麼，在你還沒有方向時，必須抓住一些機會，在某個領域、某些任務上全力學習。不要太不注重自己的喜好，當你終於看到了自己的方向，要問自己是不是真的喜歡（而不僅僅是做得好），如果喜歡，要勇敢堅決的放下其他選擇，與那些生活拿來煩擾你的瑣事。

我也希望你能跨出去，看看世界是什麼樣子，任何機會都應該把握，去認識每個國家頂尖的人。但我殷切希望你不要盲從，不要認為你所看到的他們比你好得太多，我祝福我們都能有自信、有根性、有底氣。

也祝福你有機會來商學院看看，這是唯一能在大學裡看到世界的地方。

跨領域改變世界

園藝系
王賢慈
聖功女中畢業

我是王賢慈，出生在高雄市燕巢區，但求學環境一直在台南，國高中就讀台南市天主教聖功女中，是一所純女校的國高中六年完全中學。目前就讀台大園藝系雙主修政治系國際關係組四年級，我的特質是「衝動、有勇往直前的行動力」。

或許是因為媽媽任職於身心障礙社福單位的耳濡目染，以及小學階段課業成績優異，為師長所喜愛與賦權，認為自己無所不能，因此我的志願從小一直是「改變世界，讓這個世界因為我而有所不同」。

秉持著這樣的信念，在學測申請入學時因為分數剛好到了，就選擇了台大政治系。然而因為自身公民歷史領域不擅長，且科系本身職涯發展相對不明確而令我感到焦慮。

幸好在不斷地回頭檢視自己的生命經驗與梳理成長背景當中，找到了以下三個脈絡，探尋我之於世界的連結，並且在其中我能做些什麼改變，讓世界因為我而有所不同。

先找到熱情的所在與堅持的動力

從高中不論是社團或是班聯會的經驗中，我發現我很喜歡組織團隊共同解決問題，特別是在他人的需求裡看見我所能做的事情。

於是，在大學階段因緣際會下，我參與了泰北服務學習社，是個沒有太多縝密思考的決定，但在第一次和夥伴們共同歷經一個月的海外服務隊後，看見當地的需求，我便決定留在社團裡，成為泰北社僅八人組織中的一員，三年多來嘗試以各種方式為泰國北部華人地區教育、泰緬孤軍、教育資源分配不均的議題發聲。

正因為在小型組織環境劣勢下，我學習如何把一件事情做好、做完整，並企圖在有限的人力下重新調整社團組織架構、學習以願景目標來帶領團隊、為了理念倡議，從零開始學著辦攝影展來述說當地的故事，將第二次出團去泰北當地的影像紀錄，青澀地呈現在攝影展展廳，連結公私部門共同參與，串接資源與政策遊說。這一切都是在加入泰北社之前從未想像過的改變，只因為我喜歡與人建立連結，而且願意在固定組織深耕。

大學裡有太多有趣的地方，但學生的眼光總是放到最廣、最大，難以專注與深耕在同一件事情上。對我來說，儘管泰北社的組織規模是名不見經傳、甚至面臨招生困難，但我很喜歡這三年來在泰北社小型組織，與夥伴並肩作戰的氛圍，共同解決各種問題，能夠在其中被增能與賦權，重新定義我能力的極限，並且加以發展成長。

知道自己做什麼事時渾身發光

我必須誠實的說，直到升大四以前我都不覺得有擅長什麼事。「擅長（我更喜歡good at的用法）」對我而言，是指感覺做某件事情可以做得比別人好，而且自己也很樂在其中。

我永遠不會知道過去的經驗將如何塑造出我今天的樣子。然而，如今回頭審視求學生涯，在大學期間，我勇於嘗試各種事物，小至舉辦讀書會、議題討論會、系上活動，大至策畫一個月志工行程、舉辦兩次攝影展，這所有的點最終連成一個面。我發現我很擅長「活動企畫」，很享受在辦理每一場小規模、乃至大型活動時，場域中人與人的連結。

於是我問自己：我想改變什麼？

重新檢視生命經驗中，可能是父母的職業影響，或是國高中老師上課帶到的議題，啟發了我對於教育不平等議題的關注。但我知道我更在意那家庭背後的經濟因素，特別是以農工產業為主的非都市地區，就像是我小時候居住的高雄縣燕巢鄉，當地除了芭樂和棗子的產業之外，幾乎所有人都往都市搬遷。如果要讓學童有好的教育品質，那勢必得從父母的經濟收入增加開始。

喜歡與人互動的我，便開始做著「在農村中以農業技術提升、進而帶動農產品增值」的夢，讓農村地區教育環境能夠因著家庭經濟收入提升而改善。我的家族裡從來沒有人從事農業或是位於農村，抱持這樣的論述，意外成為我第一次走入花蓮豐田有機美濃瓜農場打工換宿的契機。

那是大一升大二的暑假，在我還沒有認真進行優劣分析，就貿然從政治系轉到園藝系之後，我到了花蓮農場進行一個月的打工換宿，期盼能在過程中觀察青年農民的動能是否能夠活絡社區，進而提升農村的社經環境。我在農場進行的工作非常簡單、卻意外勞累（可能是城市病發作），每天早上六點半在農場主（阿雅）家集合，先去採收秋葵，接著到美濃瓜溫室幫美濃果進行人工授粉，下午的時候去鄰近產銷班夥伴的田裡面幫忙（踩死福壽螺），到溫室噴灑生物防治，或是在兩棟溫室裡採收美濃瓜。

那是我的農忙初體驗，非常不容易。我第一次體驗到什麼是勞動的大量汗水，還有中午只要能夠躺著就是種幸福（阿雅的合夥人也是這麼說），體驗到農家的生活，卻也感受到青農對於社區農夫合作的動能，以及自產自銷的通路開發能力，甚至是他們對於友善耕作方式的集體行動。

那是在政治系一年級的我完全不知道要設定怎麼樣的目標，才能回應改變世界的願景時，所進行的各種嘗試之一，往後更包含參與農村駐點計畫、至宜蘭農村擔任農務小幫手，去體驗農業生產者所擁有的能力，以及與周遭社群的影響力。

最終，在所有的探索之後，如今我很確信從政治系轉至園藝系，真的可以實踐我的目標。在往後的印度農業實習過程中，印度地區因為導入了先進的農業技術，而讓當地的洋蔥農民收入增加，印證了我提出解方的可行性。

當過去的所有經驗都變成一個個點交織成不同的面，從立志要改變世界；從政治系、園藝系、社團經驗；從我喜歡與人相處、擅長活動企畫、致力於先從農村地區經濟提升進而解決教育不平等的脈絡裡，我的每一次選擇都有所依歸，並且不偏離願景，希望你也可以梳理出脈絡，找出自己的志願。

跨出舒適圈外的世界

會計系
馬君儒
成功高中畢業

我是馬君儒，畢業於成功高中，目前即將從台灣大學會計系畢業。高中畢業前的我，對於大學沒有太大預設，只知道這是人生必經之路。就算輔導老師說「行行出狀元」，大家還是會選擇念大學，因為台灣的普遍價值觀早已告訴我們：讀好書找好工作，賺大錢養好老婆。所以，我在二十歲前完全服膺於此（抑或是傳統的儒家美德），相信在對的時間做對的事，勤能補拙，只偶爾在生活中耍一點小巧思，但大體上仍是循規蹈矩。

進入會計系：不抗拒非自願性人生安排

高中時候我從來沒想過自己會走上會計的路，當時只知道物理不好，所以放棄自然組；不喜歡繁文縟節而放棄了法律；擔心出路不穩定而放棄文學和社科院；最後用刪去法把自己推進管理學院的會計系。

當時對會計的印象是「記帳」、「加班」、「算數字」，讓人感覺無趣而枯燥，卻可以保個鐵飯碗衣食無虞。但走進會計系後才知道，會計與我想的截然不同。

會計系學生的課業負擔介於一般商學院及理工學院學生之間。每逢期中期末前夕，大部分的同學就會開始怨天尤人說自己生不逢時、選錯科系，老實說身邊會計系的學生約莫有三分之二都討厭會計，但為了職涯發展及畢業門檻還是認命念書，幾乎沒人是因為喜好而進到會計系來的。因此，大部分同學以效益論念書，基本上不奢求「徜徉於書海」的物外之趣，我大一時也這樣認為，有些同學可能到大四畢業前夕都這樣想。

就在所有人浮沉於茫茫書海時，我比較幸運的是抓到了念書的訣竅，透過穩紮穩打及辛勤努力地練習題目和看書，最終在會計系找回念書的成就感，也得到不錯的成績，使得內心的不安全感降低了，迎面而來是享受讀書的箇中滋味，我開始對著生硬的會計考題說學逗唱，像面對高中數學一樣。大一大二時，我幾乎把會計定義為一門「垃圾分類」性質的學問，只要把故事講得夠清楚，想得夠縝密，原則上所有的會計問題都能迎刃而解。

身處會計系：迷茫於鐵飯碗的未來

因為不錯的學業表現，我為大學前半部沾沾自喜，但從結束所有必修學分的那一刻起，對人生即將離開讀書階段感到恐慌，我不能想像無法用考試成績量化的人生該怎麼過得光彩。社會上對會計系畢業生的設定，就是「進入四大會計師事務所就職」，彷彿只要遵循這些被寫好的人生劇本，從此就會一帆風順，但這真的是我想過的人生嗎？

有了這一層疑問後，我開始找尋其他方向，發現一路上的循規蹈矩竟將我導向了一個自己未必喜歡的未來。因此我諮詢了很多朋友，發現很多以往在課業上未必有傑出成就的同學們，都早早想好了自己的未來，有些要進到投信業、有些已在私募基金實習了一陣子、有些繼續念書做研究，也有些就認命地進入事務所。問了這些在大三時就對未來充滿想法的人，有些人告訴我選擇是興趣使然，這時我發現一件震驚自我的事情：我沒有興趣，也沒有思考。

在台灣受了十六年的教育，從來沒想過自己喜歡什麼。考試成為人生學習的首要之務，考試要我會的，就硬生生吞下去，小時候最常問的問題是「這個會不會考？」而把那些不會上考卷卻極其重要的事情永遠擱在待辦事項的末頁。高中以前的教育可以如此，但是在大學故技重施的下場就是：當有一天離開教育體系，我不知道自己擅長什麼，也難以對人生產生熱情；當人生價值不再需要靠考卷成績定義，我沒了充實感。

跳脫會計系：跨國交流與自發性學習

開始發現自己活得沒什麼目的後，我想到國際交流——交換學生計畫，一方面是想到外面的世界看看，一方面也想增強語言實力。在舒適圈待上好一段時間後，來到一個截然不同的環境，一個靠軟實力及溝通能力過日子的地方。

來到荷蘭的馬斯垂克大學，小班制教學及大量的課堂互動讓我在起初非常不習慣，然而我卻發現，就算是生硬的會計學，也會在大家的討論中活化起來，他們的教育不講求絕對正確的答案，而著重嚴格的論證及為自己的立場辯護。每個人都會自發性地準備好自己的筆記及論點，在課堂中高談闊論起來。剛開始我受到強烈衝擊，不熟悉的語言、不熟悉的環境及不感興趣的管理學知識把我打回一塊原石，被台灣用分數定義的人生規律定型後，我對離開考試的世界一無所知。

坐在只有十五人座位的小教室，由助教引導話題（教室裡甚至不會有教授），課堂的主角是同學，每位同學彷彿都肩負著提升課堂價值的重大使命，盡心盡力地參與課堂，這與台灣學生走進教室後空下前三排的學習習慣大相徑庭，因為他們從不把學習侷限於「通過考試」，而是相信「在不久的將來我勢必會用到這些」。而我則秉持不能丟華人臉的一番骨氣，在每次上課硬擠出幾句有建設性的話，給自己、也給同學助教們看看台灣人的底氣。半年交換期間得到的絕對不是課堂中的硬知識，而是在學習過程中把自己打回原形，重新定位自己，並發現自己的匱乏後裨補闕漏的成果。

另外在課堂外的小組報告討論，我繼續受到同學們的軟實力衝擊，當我打開電腦與大家討論時，看到組員們提出的高質量建議及精實觀點，差點懷疑Google大數據是不是特別偏袒歐美電腦。我脫離報告裡的領導者角色，退居輔助部門，並在大量討論中微薄地插入自己的觀點，我發現在過去的日子裡，過分鑽牛角尖在晦澀的會計練習題中，剝奪了我們在現實社會維持活躍思考的能力，頃刻間我洗淨鉛華讓自己回到母胎。

這半年可能成就我二十年來最大的改變，生活步調不那麼緊湊，允許我思考過去缺乏的長遠規畫，並發現，儘管已經兢兢業業念書卻仍常感覺「書到用時方恨少」，發現自己對這些長期累積的經驗完全一竅不通。於是我開始多瀏覽國際局勢及產業概況，而為了跟上同學們的討論步調及掙得同組組員的尊重，我花費求學過程中最大的力氣準備團體報告，儘管在英文表達上還是有些支吾其詞，卻也偶爾提出量少質精的觀點，使得原本在組內對我不屑一顧的奧地利同學也開始與我有積極的交流，我才真正相信自己在這趟旅行中有所收穫。

返回會計系：為自己活一遍

我不後悔在大四大家汲汲營營準備國家考試時，做了一件似乎與未來毫不相關的事，因為我學到更多的是思考邏輯及辦事方法。對於會計處理的細節，台灣教育絕對在世界上拔得頭籌，但為什麼我們在國外還會相形見絀？我感受到台灣學生對自身國際地位的不自信，以及台灣教育讓理論和實務產生嫁接薄弱的鴻溝現象。當我們在嚴密鑽研某個學問時，同時卻忽略了在競爭激烈的時代單軌思考已經不夠用。在與組員的互動中我發現，他們是發自內心要把事情做到精準，而非為了應用理論胡亂套用地為賦新辭強說愁，最後只建立了過多不實且剝離現實的假設。

交換期間給我的另一個體悟是，過去總是太安逸地接受現成鋪好的路，而忽略太多自己的附加可能性，這是很可惜的。當我們屈就於職涯而選擇了比較不感興趣的路，可能代表在不久的將來要折返回原點重新開始。若短時間地因為現實狀況屈就了自己的人生，也不該忘了把願望釀進人生大甕中，等待有朝一日挖出來細細品味。

當迷失於刻板定義的「好學生」身分時，不妨跳脫原本身處的狹小方室，站在局外人的觀點給自己一點建議，讓將來的自己不鄙夷現在的自己，這就足夠了。

放眼會計系：提升自己的附加價值

必須說我是從歐洲回來後，才體會到自己能力的不足，在過去受安排的環境下忽略了很多可能性，而堅定志向在我未必那麼喜歡的領域上，其實回想起來滿可惜的。

會計趨勢現在與金融及電腦科學緊密結合，時常還要加入法律的意見，這些能力都是我在大學期間沒有認真培養的部分，一方面是我過分執著於自己的本科，一方面也有對未知領域的不安全感及不願跨出舒適圈的固執。如果回到大學的起點，我會強迫自己去做更多嘗試，就算學無所成，也可以培養一些短期不受用的軟知識，因為那些拚死拚活練習而一蹴可幾的學業成果，通常只是為了應付一張文憑、一張執照，或是短期的自我充實感。將來機器會取代大部分庶務性的工作，唯一可以讓自己脫穎而出的是縝密的思維判斷，也才能適應被多重變因主宰的未來發展。

會計系之所以被污名化，某種程度來自它沉重的課業壓力，因為台灣學生在學習時往往忽視會計是一以貫之的中心思想體現，而把廣袤的會計領域形塑成一道道線性的艱難關卡，忽略了一望無際的路邊風景，只知道直線往前衝。擴大來看：高中時代的我們夙興夜寐地追求考上心目中的第一志願，而忽略了路邊花草可能才是未來人生中的主角，若見得了全局，學習應該會成為更有意義的事情。

如果回得到大一新鮮人的時候，我會放慢自己的生活步調，好好思考人生中可能為自己增值的任何事情，而不追求穩賺不賠的投資，否則就好像是把自身的價值關進台灣保險箱裡，任其逐漸被駭人的通貨膨脹吞噬。

設計一個專屬的大學生活

資工系
江緯璿
延平中學畢業

我畢業於台北市私立延平中學，目前就讀資訊工程學系四年級。身為一個私立高中的學生，總是會被老師或同學問到：「成績那麼好，不考醫科嗎？」

嘴上說說的夢想，不是真的

小時候身體不好，時常感冒，所以三天兩頭就被爸媽帶去診所找醫生看診。進到診間，看著醫生拿起聽診器、壓舌棒，再問問幾個問題，接著就是在鍵盤上敲打出一連串沒有人看得懂的文字。那時的我看到醫生可以操作酷炫的東西，再加上爸媽說當醫生可以賺很多錢，就立志未來要當個醫生。當每個人應該都遇過的作文題目「我的志願」出現時，也不用多加考慮。

國高中因為就讀私校，學校老師一直灌輸著考醫科最好的想法，而班上許多同學的志向也都是當醫生。但逐漸長大後，才覺得自己根本就不適合當醫生。我曾試圖研究過一些生物知識，發現我對生物或人體的構造之類的東西一點興趣都沒有。

而且更重要的，我怕血。

因此國中之後就放棄了這條路，而且不管老師再怎麼勸說，甚至到了高三學測成績出來後仍試圖說服，我還是不為所動。所以，小時候的夢想不代表什麼，唯有接觸到了，才是真的。

可是，這樣一來我到底想做什麼？

後來剛好看到學校有程式設計社（現今多叫資訊研究社），想到以前自己很喜歡電腦（當然，喜歡的應該是電腦遊戲），便決定嘗試看看。而推動我去嘗試的原因還有「好奇心」，從小就喜歡接觸不一樣的事情。尤其在國高中時期，多方嘗試讓我獲得許多經驗，不管是競賽、活動、社團，我認為多接觸些課餘活動是非常有益的。與其單純思考自己喜歡什麼，不如多嘗試一些事物吧！許多事情並不是自認為喜歡就真的適合。在多方嘗試的過程中，我真正找到自己喜歡的事物，同時也因為是真的喜歡，才能持續保有動力。加入資訊研究社學習怎麼寫程式後，才發現自己真正喜歡的並不只是「操作」電腦，而是喜歡用電腦「創造」各式各樣的東西，而寫程式正是在資訊世界中創造工具的第一步。因此，我選擇了資訊這條路。

想念資工，及早開始程式思維訓練

維持一顆好奇的心在資訊領域也是相當重要的。資訊領域的技術一直都在變動，常常都有新一代的技術被研發、運用，在學校內學到了核心知識後，未來還是需要不斷的接觸新知、學習新技術，才能夠不被時代淘汰。而擁有一顆好奇的心，可以驅使你更有熱情的學習新事物、跟上產業界的潮流。除此之外，資訊最重要的目的就是要「解決問題」，而維持一顆好奇的心，可以更容易發現生活中的問題，不管多微小。好奇心也可以幫助你在發現問題後，發想出更多的可能性、可行解法。

最後，每個想進資工系的高中生總是會想問：「我從來沒學過程式，進資工系會不會跟不上？」不會，有超過一半的資工系學生高中沒接觸過程式。

「等等，你這樣是在說不用學程式？」沒有，如果對這方面有興趣，那早點開始接觸程式絕對是件好事！在升學體制下，大部分學校的資訊教育其實都沒有良好的程式思維訓練，若能夠自己先接觸程式設計，不僅可以先了解自己對於程式是不是真的有興趣，同時，在這個資訊化的時代，總有一天能夠運用在生活或工作中。

當你有各種選擇，便有了各種可能

上了大學以後，生活瞬間變得自由，面對跟高中比起來豐富許多的活動，總是讓人目不暇給。在這之外，還得要適應新的學習模式、學習環境、周遭同學、生活模式、人際關係等等，有些適應不良是難免的。高中的學習環境幾乎都是考試導向，但上了大學就再也不是這樣了，除了學術上靠自主學習的成分提高很多外，還有許許多多更重要的事情可以學習。例如我周遭的一些朋友，有人選擇音樂，創了獨立樂團在外演出，有人加入社團學習火舞等等，每個人都有不同的選擇，而且不會被他人干涉，這也是成為大學生後最大的不同吧。你有絕對的時間自主權，除了要點名的課以外，「蹺課」本身就成為學生的一種選擇，當「蹺課」對一個學生的效益比上課大，那自然學生就不會想去上課，反之亦然。當然這肯定不是鼓勵大家蹺課，而是覺得，當能夠安排自己的時間後，最大化自己時間的效益就變得相當重要。

那我呢？我為了去日本玩可以溝通更順利、了解更多深層的文化，我從大一開始就修學校開設的日文課，希望能夠多學習另一種語言。另外一大動機是感受到未來一旦開始工作，生活就不再那麼自由。就時間安排上來說，學生時期是最彈性的，可以讓出去玩的時間成本降到最低，也能夠挑選相對淡季的出遊時間讓花費盡可能降低。在有限的收入（打工／家教等）中，固定挪出一筆經費當作自己探索這個世界的資本，同時也隨時關注機票，經常買到很便宜，來回可能只要兩三千塊的機票，也因此才能在有限的預算下，盡可能地多去不同地方，也替自己的大學生活留下一些與其他人不同的回憶。

尊重每個人的生活方式和人際關係

可能是愛上了旅行的感覺，我非常喜歡到各種不同的地方走走。不管是跟家人、朋友一同出遊，或是獨自旅行，所體會到、學到的事情都不一樣。自己出遊時，被迫學會獨立，自己打理一切行程、住宿，還有與當地人溝通等等，但旅程中可以盡情地去自己想要去的地方。跟朋友出遊，則是有人陪你一起哭、一起笑、一起共享美好的回憶，但溝通就變得相當重要，尤其每個人喜歡的都不一樣，有的人喜歡購物，有的人喜歡看山，有的人喜歡看海，一旦出現爭執可能會損及原本的友情。

或許這件事情也可以套用到大學生活。

每個人喜歡的人際關係模式都不一樣，有的人喜歡保留自我空間，也有的人喜歡群體生活。每個人的喜好不同，生活方式也有差異。朋友間畢竟不像高中，每天在學校度過從早到晚的八節課。在大學，每個人有自己的課表、自己的社團、自己想做的事情，因此調整人際互動就變得很重要。大家的想法、行為都變得更加自由開放，因此與人互動時，更要注意互相的包容與溝通，畢竟，大家都是獨立的個體，沒有人有權力強迫他人遵循某種思維。

最後，每個人有各自喜歡的道路，大學階段正是替自己安排方向最好的時間。祝福每位同學都能夠在大學中找到屬於自己的一條路，設計一個屬於自己的大學生涯。

找到屬於自己的成長催化劑

農化系
呂家驊
台南一中畢業

我是台灣大學四年級的呂家驊，目前就讀農業化學系並雙主修化學系，來自台南。還記得剛上大學的我好惡分明，喜歡的就是喜歡，不喜歡的就是不喜歡，沒有太多的掩飾，面對身旁的人事物，我好像都滿「傲」的。

但四年過去，我學會了傾聽，在這其中也發現過往用自己的價值觀去否定、去貼標籤是不對的，由衷地感謝出現在我大學生活的朋友們，因為你們開闊的視野，讓我對於不同聲音、非同溫層的接受度提高，我想這是我一輩子都受用的改進，最後，雖然謝謝自己很老套，但如果當初沒有「重考」，我真的不能想像我現在會是什麼模樣。

重考起因於自發性的化學反應

一切要回到應屆指考放榜那天，面對不如預期的分發結果，家人明確地告訴我希望可以為自己再拚一年，要我想一想是否真的滿意這樣的結果？高中三年我對自己負責了嗎？當然還有母親那一句最令我印象深刻的話：「你對我負責了嗎？」

這七個字漸漸的在我心裡產生變化，我開始想：我對得起每天比我早起的母親嗎？願不願意再多花一年去補高中三年欠下來的課業呢？或是邊念大一邊準備轉學考的可能性？會不會重考完成績更差？當我重複思索好幾次，終於為所有的問題都找到了答案後，我更加確定這個決定是來自內心的自我期許，而不是為了迎合別人的期待，於是下定決心從一個本來要迎接美好大學生活的新鮮人變成高四生。

每當同學或學生問起重考時，我總可以很自信地分享學到了什麼，而不單單只是最後那張成績單就能概括的，重考這年帶給我最大的改變，就是「調適」和「認清自己的能力」！

其實重考就很像再經歷一次高三，面對林林總總的考試，讓我學會在高壓的環境下調適自己的心情。雖然每個人調適壓力的方式都不同，但我那個時候的規畫就是每個禮拜日下午固定與同學們運動，運動完洗個澡把一整週累積下來的疲憊及壓力洗淨，最後搭配重考班附近的平價火鍋犒賞自己一週的辛勞，每逢大考完，也一定會強迫自己進入待機狀態，主要就是要保持讀書時健康的心態，避免人在書桌前卻心不在焉，搞得自己兩頭空。如果能確保自己在高壓下能維持穩定健康的心情，我相信不管做什麼事都能更有效率、更能達成目標，畢竟生活中的挑戰會接踵而來，只要我們繼續前進。

調製舒適區與深水區的濃度比例

在重考的過程中，面對一份考題，我們總是在分析自己的不足，盡可能提高自己的分數，面對各種錯誤我們都謹慎戒備，也因此讓我養成了習慣——如實面對自己的能力及不足，我把這種不擅長稱作「深水區」。

時間是有限的，我們必須把剩餘的時間做最有效益的分配，每個大學生的一天都是二十四小時，為何有些人就是可以過得多采多姿，有些人則是每天被死線追著跑，其實就是當初做決定時未衡量好自己的能力，接下太多深水區任務進而導致時間不夠用、蠟燭多頭燒的狀況。

上了大學肯定會有許多課外活動可以選擇，但記得不要貿然「全選」，必須衡量自身的能力及時間之後再去做取捨，因為自己名字的品牌都是靠一件一件小事累積起來，當我們無法把別人託付的事情完成，自身品牌的評價就會降低，就像一間餐廳一樣，如果貪心想要讓菜單很豐富，但同時又做太多道菜卻無暇顧及品質，客人就會留下不好的印象，回客率就會降低很多。

而我個人的小撇步，就是在接下的任務中有七成來自於舒適圈，而另外三成則是對我比較有挑戰性的，那比例的拿捏就看自己的個性了，有些朋友樂於挑戰，有些則比較偏向穩紮穩打，但重要的還是夠不夠了解自己，能不能如實面對自己的能力及個性。

凡事不經實驗佐證，就是愚蠢！

在重考過程中，我仍是個不太確定目標的學生，但其實當時在幫同學解題時，我就有發現自己很享受把同學教會的成就感，加上本身就很喜歡跟人互動，所以在那個時候開始認真思考，當補習班老師是否是個適合自己的職業。

上大學後為了想試驗這是不是我想要的，便開始在補習班擔任化學輔導老師，也讓我對於這個行業不再是想像，而是真的走在這條路上釐清自己適不適合、喜不喜歡，所以我覺得愚蠢不代表笨，而是沒能盡早地認清。

工作肯定都是疲累的，最大的差別在於如果自己是真心喜歡，我想就算再累再辛苦都還是開心的。但如果有人問我是不是以後就肯定當一輩子補教老師，我的回答仍然是不一定，雖然我已經走在這條路上，也喜歡教書的感覺，但我對於其他行業也保持開放的態度，沒去試過，怎麼能說自己不適合什麼職業呢？又怎麼能說出補教業最適合我？當我們能愈早認知到自己不適合，就能愈早做出修正，儘管花了一些時間在不適合的事情上，但往好處想，至少我們也確認了這不是我們想要的未來，也讓自己對人生更有方向，畢竟人生就像做實驗，我們總是在失敗中找方向。

成長需要催化劑來加速

雖然才大四、雖然才二十三歲，說到成長這二字好像有點言重了，畢竟在大人的眼中，我們永遠都是長不大的小孩，但在過去的二十幾年裡，也還是有感受到自我成長的時候，尤其是那些著實令人懊悔、更充斥著很多「早知道」的時刻。儘管我總是提醒自己別做可能會後悔的決定，到頭來才發現，我們只能盡力讓自己不那麼後悔，但說實話，沒有後悔就沒有痛、沒有痛也就不會檢討、不會檢討就肯定會繼續後悔，就好比我後悔高中三年不該如此渾渾噩噩，但大考的失利卻促使我檢討自己，最後卻幸運地找到了重考這個成長催化劑。那麼屬於你們的成長催化劑又是什麼呢？讓我們拭目以待吧！

專業與興趣的抉擇

農藝系
謝孟婷

新竹女中畢業

我是謝孟婷，新竹人，畢業於新竹女中，在台大農藝系第四年了，這個夏天就要從大學部畢業，繼續在農藝所進修。如果要說我個性裡最鮮明的地方，或許是對自己的選擇十分固執！我從小就是一個脾氣非常執拗的人，一旦我決定要做什麼，在我達到自己的標準前不會輕易放棄。然而，人生路那麼長，不可能所有興趣都從一而終，當我們愈長愈大，背負的責任愈來愈多，一個人能夠承擔的分量卻是有限的，「選擇」便成了必經的關卡。

發光發熱的合唱歲月

九歲的時候因緣際會考上新竹區一個校外的合唱團，我們團的編制滿大的，按年齡分成六個班，要進入高階的班級都要通過考試。雖說不是職業合唱團，但也培養出許多往音樂發展的同學。我在這樣的環境裡一待就是九年，隨著年紀增長，看待合唱的態度愈來愈認真。國中的時候先後遇見幾位開啟音樂視野的恩師，差不多時間也結交了一群朋友，我們一起在合唱的世界裡追求卓越直到十八歲畢業。

我覺得人的一生中，能夠找到一個讓自己不顧一切投入的領域，還能夠找到一起打拚的夥伴，都是幸福的。在那其中，你可能會找到志同道合、相互扶持的朋友，陪伴彼此在一個領域中付出一切，追求共同的目標。無論最後結果如何，那樣的回憶與感情，會幻化成各種樣貌，在未來的日子裡支撐你走過許多高潮迭起。

高中三年算是我合唱生涯的顛峰，我加入了學校的合唱團。竹女合唱也是一個燃燒青春點亮夢想的社團，現在回想起來，我們的夢想有時真的好小，但不顧一切的熱血，卻把我們的世界撐得好大。那時的我們也有煩惱，然而，並肩同行的情誼會帶來力量，讓生活變得富足。

興趣和職涯的擺盪與抉擇

台大合唱團是我年少時憧憬的舞台，曾經我理所當然地以為大學四年將繼續為合唱燃燒生命。然而，初上大學的那一學期我沒有參加甄選。高三的冬天我在一場講座中結識了一群特別的人。三個來自不同的專業領域，有各自的事業，他們的共通點是關心生態與農業，期盼能夠結合彼此的專長，以社會企業的模式，為農業與生態相關產業帶來一些改變。雖然最後因為理念不合而離開，他們對人生的企圖心，想改變世界的魄力卻讓我印象深刻。那半年裡，我被問了無數次選擇「農藝系」的理由，還有「合唱」對我的意義，我不得不面對「專業」或是「興趣」的選擇。一個人可以有不只一項專業，也有許多人將興趣與專業結合，那當然是理想的情境。但是，並不是所有人都那麼幸運。要以音樂為專業，除了練習，還需要一些天分或者運氣。我的音感與節奏感不好，啟蒙相對晚。中學時期投入大量時間心力，儘管取得不錯的成績，但過程裡我清楚感受到音感與節奏感的限制帶給我的挫折。我知道只要願意投入，沒有跨不過去的瓶頸，然而，可想而知的龐大投入，無論金錢或時間，我都沒辦法承擔。如果可以，我希望讓它成為我一輩子的興趣，但在新生活展開的那一刻，我想要試試看不一樣的可能，給自己一個機會認識世界的其他角落。

通常故事寫到這裡，主角就會遇到改變自己人生的大事，從此走上不歸路，但我沒有。第一個學期平靜的過去，我花了一點時間適應大學的課業，但是少了音樂的生活始終有點空虛。半年後，我還是參加了甄選，一了兒時的嚮往。台大合唱團依然是一個燃燒青春的地方，所有人認真看待這門藝術，消耗的時間與心力堪比一個主修學位，但也是這樣的認真成就屬於我們的音樂。

當時我在系上認識了幾個學長姊，跟著他們在各種場合闖蕩，不知不覺間累積了不少經驗，負責的分量也愈來愈大，同時，課業負擔愈加繁重。我的生活日益失控，紊亂的時間安排讓我只是不斷在追趕各種死線，沒有餘裕享受過程，也沒有時間整理收穫，規畫未來，唱歌的時候愈來愈不快樂。我漸漸明白，「興趣」的意義是為生活提供氧氣的存在，不應該是壓力的來源。在能力許可的時候，可以傾盡一切，但是當不堪負荷的負面感受漸漸蓋過樂趣，它便失去作為興趣的意義。當我察覺到自己的生活重心四分五裂，心裡期盼在農藝的領域中更深入探索，渴望找到適合發展的目標，卻把大部分的時間消耗在社團與外務上。休閒活動固然是調劑身心不可或缺的存在，但它可以有各種參與生活的方式。權衡自己能夠負擔的程度，調整生活中每個元素的比重，找到平衡點才能掌握生活的節奏。最後，我決定暫時離開合唱團，選擇性地參與系上活動，留下完整的時間探索職涯。

用對合唱的幹勁，會把研究生活過成什麼樣？

我們總說面對未知，心胸要開闊。心胸開闊並非對一切成敗淡然處之，而是在每一個抉擇之前，有承擔後果的決心、有做自己的毅力、有接受意料之外的膽量，如此才能打開視野，看到更多面向。當我面對低潮時，我想像自己在一個RPG遊戲裡不斷嘗試錯誤，至少我知道，總有一個會是對的，就算最後一個才對，我也在過程裡知道每一個關卡的位置，甚至能夠撿到意外的寶箱。所有發生都有原因，如果仔細觀察，就能夠找到脈絡，這將幫助我們看到生命的軌跡，就會知道過去的努力正將你指引向何方。有時似乎走偏了，但那可能正暗示著更適合的機會，也可能那才是通往目標的道路。

後來我的生活重心回到系上，走過一年的低潮，找到發展的方向。儘管離開了合唱團，過去在合唱團中相遇的朋友仍是彼此生活裡重要的支撐，有時回想起當年熱血的模樣，總會會心一笑。我的合唱歲月帶給我許多關於合作與夥伴的美好回憶，讓我在後來經營了許多珍貴的友情與合作經驗。現在是我大學最後一個學期了，面對提早展開的研究生活，我有時會好奇如果用這樣的幹勁，會把生活過成什麼樣？

每個人面對專業與興趣的選擇都不相同，能夠兼顧或者結合是最理想的狀態，也有人全心全意把興趣發展成畢生的志業。在截然不同的領域上追尋專業是我的選擇，如果有一天你也面對和我相同的選擇，希望你能夠好好整理自己的收穫，想清楚你生活裡每個元素對你的意義，然後為它們定義一個適合你的比重。我是一個很幸運的人，能夠在這個階段就找到自己的目標和領域，也遇到許多貴人與相互扶持的朋友。我並不後悔這一路上的反反覆覆，沒有哪一步是冤枉路，我的所有過往累積出現在的自己。我相信只要堅定的往一個方向努力，清楚自己的每一個抉擇是因著什麼理由、為了什麼目標，緣分自會帶你去到適合的地方。

把自己當品牌經營——自我認同的課題

機械系
石芳翰
延平中學畢業

我是就讀於台大機械系四年級的石芳翰，打出生起就活在台北，延平中學畢業，常給朋友們熱情吵鬧的印象，但事實上我並不是一個有自信的人，更因為我的興趣與科系帶來的衝突，曾經讓我非常迷失，但我花了不少時間透過行動找尋自信的來源。

而最後我發現，當你自覺到自己在做的努力能帶給你什麼並賦予它意義時，你才會對自己感到自信，而自信是每個品牌成功的第一步。我認為大學四年中最重要的，並不是培養專業的能力，怎麼樣可以找到人生方向並認同自己的努力，才是許多人大學中甚至是一生中最大的課題，即便到今天，我也仍然不斷地在學習與改善，但在這篇文章中，我想和大家分享一下我在這四年來的經歷與一些想法。

問問自己喜歡怎樣的品牌？

我認為每個人在每個時刻做的選擇，和你現在正在做的事，其實都是在塑造屬於你自己的品牌形象。而「把自己當一個品牌經營」是我對於自己的要求，這同時是一個讓我檢視自己有沒有走在想要的道路上的方式，也是確保自己沒有在虛度光陰的堅持。既然要經營自己的品牌，首先要決定這個品牌形象的定位。在我的故事開始之前，不妨先請各位讀者想一想，有沒有什麼品牌塑造出來的形象是你很喜歡的？如果星巴克是一個人，他是男生還是女生？個性賢淑、優雅抑或是奔放、瀟灑？如果福特汽車是個人，他的聲音是高亢還是低沉？他會是西裝筆挺腳踩著雕花牛津鞋的紳士，抑或是身材精壯身著牛仔褲和白色T恤的粗獷男子？那麼你的品牌形象又是一個怎麼樣的人？如果現在你能回答這個問題而且對於自己的答案很滿意，那恭喜你很知道自己在做什麼。如果沒辦法，那希望你在未來的這四年能有時間慢慢找出這個答案。

大學的第一課——生活不是排定的課表！

相較於高中，大學的世界寬廣許多。高中以前的日常是老師走進班上上課，每堂課你總是和其他人一樣坐在教室裡。你對每天身處的教室瞭若指掌，知識宛如一道道菜餚送到面前餵養你，而你得以絲毫不費吹灰之力地吸收。但在這樣的生活狀態下，人們往往產生惰性，以為機會如課表一般排定好，而能認識的人除了同班同學之外，不外乎補習班或是社團的朋友，人也因此容易侷限在這小小的舒適圈中而不自知；大學以後，你可以選擇自己要修的課，隨著年紀增長，你會發現教室裡可能一個人都不認識。午餐不會再有一群朋友一起吃飯，有些人根本蹺課沒來學校，有些人下午要趕往台北車站打工。並不是說成群結隊地做事不好，而是當每個人都擁有選擇的權利而且舒適圈被打破之後，大家會做出對自己最適合的安排。所以這時該問自己的是，我做出對自己最好的安排了嗎？

安排很重要，可是要安排什麼事情？

大學的第一個學期我被海量的課業壓得喘不過氣，我甚至不知如何安排除了課業以外的自由時間。追根究柢是因為當時的我沒有太多中心思想，而這樣的我除了成績之外，就是一具沒有什麼特色的空殼。在經過一個學期後，才發現我並不喜歡自己的科系，先前花了這麼多努力達成的一些「成就」，只是聽從別人建議做的努力，或是為了滿足社會的期待，而當我站在以往夢寐以求的制高點來看，這風景卻好像沒有我想像的漂亮，反而顯得空虛異常。那時的我根本不喜歡自己的樣貌，也不認同我自己過去的努力，卻不知道要從何改變起。

我展現的品牌又是什麼？

大一的暑假，我因緣際會跟著朋友一起申請成為了外交部的青年大使，這個機會讓我與其他九十九位大專院校的學生一起經過六週的外交與表演培訓，並出國三週至各國宣揚台灣的文化。青年大使的組成分為舞蹈、音樂、雜技專業的才藝組，與英文與西班牙文專業的語言組。身為透過語言長才加入團隊的一般大學生，這是我第一次與從小就不斷練習扯鈴、韻律體操、芭蕾舞等才藝專業的人們長時間的相處。在過程中，一位舞蹈老師提到了「把自己當品牌經營」的觀念，對演藝人員來說，他們比誰都還要注重自己的「身體」，每一道肌肉的線條與每一次在舞台上的跳躍，就是專業的品牌展現。某些舞者更會把自己跳舞的照片設為手機桌布，他們必須透過看見自己跳舞的姿態，來提醒自己在維繫的品牌樣貌，並且細心呵護自己的身體。與他們相處讓我看見截然不同的生活態度與思維，更看見不走傳統升學道路的舞者朋友如何用「成績」以外的方式實現自我認同。這一切讓我開始意識到我是否也能把這樣的精神帶到生活中，如果我是一個品牌，我帶給他人的感受是如何？如果舞者是透過自己的身體來表現他的專業和品牌的價值，我又該用什麼樣的行動來展現自身獨有的價值？

雖然我的生長背景還有未來發展可能和這些舞者大相徑庭，但我仍堅信「找到自己相信的品牌價值並好好呵護它」是可以適用於每個人。到汽車業的裝配工廠實習、在保險經紀人公司學習風險量化、爭取到國際酒展第一線販售清酒……我開始試著融合在機械系學到的專業，和我對商學、語言的興趣，發展出屬於自己的故事。而在最後回首我才發現，那樣的個人價值是難以言喻的，因為它並不屬於這世間任何既有詞彙和標籤，而是屬於自己名字的個人品牌。

有自覺地經營自己的品牌

我們往往認真的完成每一個社會給予的挑戰，卻也在這些既定的選項中忘記自己擁有選擇的權利，或是跟我一樣迷失而不再喜歡這一切塑造出的自己。當我開始認真檢視自己想要的目標後，做出的選擇才真的有價值，我也才會認同這樣的選擇和努力後的結果，並且不論成敗甘願對它負責。勾勒出自己想要打造的品牌形象後，反覆檢視，就像是舞者們看著自己跳舞的樣貌，提醒自己在維繫什麼樣的品牌價值。品牌價值需要很多的構思，如何實踐它們需要更多規畫和時間的耕耘，相信你在經營的過程中會更有自覺地努力、更加認同自己的品牌，並成為一個更有自信的人。

改變不一定成真，也可能不會持續發生

醫學系．五年級
蔡君弘
台中一中畢業

我是蔡君弘，從國小到高中，都得到市長獎，台中一中全校第三名畢業，學測滿級分，申請錄取台大醫學系。對我而言，照著升學主義的方向走，聽取師長的建議，不斷努力取得好成績，進入頂尖科系就讀，就是人生的最佳解答。這樣的成就感，足夠讓我贏得大家的掌聲與讚美，足夠讓我不曾思考人生更多的可能性。

資優生尋找自我之旅的開始

進入醫學系開始大學生活之後，大量的課外活動填充了每一天的時間，忙碌到沒有一絲休息的空隙。然而，基於對自己的要求，我依然希望在醫學系的學習能夠有所收穫，但在每一個隨著考試逼近、深夜抱佛腳的時刻，我開始發現隱隱約約有些困惑浮現在心中……

已經記不得是什麼時候開始質疑最初的選擇了，大概是從大二起吧，我對於系上所學的科目漸漸感到無趣，甚至有些排斥。不懂為什麼當初對濟世救人的想像，變成無盡的背誦輪迴，學習的趣味與熱忱，隨著無數個與寄生蟲、微生物、人體解剖學奮鬥的夜晚凋零了。縱使當初驅使我進入醫學系的從來不是對醫學知識的追求，但我仍困惑為何「讀醫學系」跟當初所想像的「當醫生」落差竟如此之大，原來在傾盡所學幫助他人之前，一定得踏上一條如此辛苦又看似無窮無盡的道路嗎？然而，如果我連基礎的知識都無法提起興趣學習，卻必須與這些知識一輩子為伍，這樣的生活又該如何度過？或是我轉換前進的方向，可能會找到專屬於我的人生道路，開闢另一番天地？煩亂的心思持續擾動著，我希冀跨過鴻溝的步伐愈走愈吃力，直到某一天，質疑轉化為一股從未有過的、竄升而起的叛逆，藉著它，我下定決心出走，用自己的方式找到人生真正的軌跡。

雖然當時的我趁著一股熱血，希望就此跳脫醫學系的框架，但現實總是磨人，我其實沒有勇氣放棄社會所珍視的「醫學生」身分，因為休學重考或是轉系有太多的不確定性，並不在我的考量之中。於是我選擇了一條最穩當的路——「在念醫學系的同時，一邊嘗試探尋新方向」。我開始花費整整兩年時間大膽嘗試不同系所的課程，學習行銷與基礎投資理財工具等商管知識；參與簡報比賽，用精心設計的簡報闡述理念；參加校外培訓計畫，並且實地負責專案操作與執行；到創業加速器實習，第一手接觸創業家與創投；學會編寫基礎的python程式碼；參與跨校及跨國交流活動，希望藉由雙向交流、文化激盪的過程，更了解、甚至貼近自己的內心……

柳暗花明？或原地踏步？

兩年過去了，我擁有豐富的活動與比賽經歷，籌備過大型論壇以及活動，參與數次專案製作與發表，也有許多與國內外各領域優秀人才交流的機會，同時兼顧醫學系課業，平安度過了醫學知識與考試爆量的兩年。

我成長了很多，與過去那個質疑當初選擇的自己已截然不同，各方面的能力也有長足的進步。然而，唯一不變的是，我仍活在醫學系的框架中，故事並不如想像中一樣，因著我的改變而有所不同。在做了這麼多嘗試之後，我終究沒有找到自己真心想要投入的領域，更精確地說，我甚至連得以「勝過醫學」的選擇，都找不到。

那些我曾以為自己喜歡、有興趣的科目，有些雖然已經掌握了基本概念，卻沒有繼續探索的熱忱；有些則是空有興趣，卻沒有足夠的天分掌握，於是事倍功半，成效不彰。而與此同時，醫學的迷人之處也在進入臨床實務之後慢慢浮現。我發現自己喜歡與病患面對面真實互動的感覺；喜歡他們的病痛與煩惱被治癒的欣喜神情；喜歡像臨床醫師一般，循著症狀思考的脈絡找出疾病原因並對症下藥；喜歡動手實際操作，學習各種醫療處置的技巧。學習依舊是辛苦的，需要每天早起的晨會、不定時的討論與報告、大量英文資訊的閱讀、住院醫師學長姊疲憊的神情及壓縮的生活時間，推力與拉力仍不斷交鋒著，但我已漸漸願意將自己投入這樣的領域之中，開始認同醫學所追求的價值。

以上，就是我的大學生活。故事說完了，卻沒有理想中的幸福結局，只有一個自作聰明的大學生，以為自己可以像電視上演的一樣，走出一條屬於自己的道路，結果繞了一大圈，到頭來卻回到了原路。看似被現實給擺了一道，但我並不後悔自己的選擇，反而十分珍惜能夠擁有這樣的經驗與視野。

在尋找興趣的過程之中，我常被問到：「如果回到高三那年，你還會不會選擇醫學系？」我的答案從來都是肯定的，無論是過去還是現在，因為醫學生的特殊背景，為探索自我之旅帶來了許多機會，也因為自己沒有勇氣，放下一切逃離社會的眼光；而我如果沒有做過這麼多選擇與嘗試，對於自己的了解不會如此深入，對於臨床醫學的喜愛也不會浮現。我仍不敢保證醫學會是我人生最終的道路，但它絕對會在我的生命中扮演非常重要的角色，縱使我還在追尋的道路上，也能夠有底氣的說出這樣的答案。

珍惜改變的機會

在台灣的教育體制之下，大多數的高中、甚至大學學生都很難知道自己真正喜歡的領域是什麼，於是經常陷入對於現況的不滿之中，就像過去的我一樣。然而「不滿」並不是件壞事，因為它往往代表著改變的動力。如果不是當初對醫學系的不滿，或許我也沒辦法推動自己積極嘗試、廣博學習。所以面對不滿意的現況、不喜歡的狀態，無論是何種層面，你都可以選擇讓自己脫離這樣的處境，破釜沉舟的拚搏一把，或是同我一般保守前行，用騎驢找馬的方式尋找最佳解。

而我們畢竟身處現實世界，並非所有的夢想都會實現，所有的等待都能開花結果，放棄更是人之常情。在這個勇敢嘗試卻看似白費力氣的故事之中，我希望帶給大家的，除了改變現況的勇氣之外，更要有承擔結果的能耐，縱使結果往往不盡如人意。關於失敗與挫折，不必特地包裝成激起浪花的礁石，或是成功之前的險阻，只需要在挫敗與低潮時，誠實面對難受的情緒，保持風度，隨時調整自己的方向與狀態，然後繼續努力。你不必然會得到柳暗花明的結果，但至少在峰迴路轉後，可以跟我一樣，自信而有底氣的說出答案。即便最後的答案可能跟你一開始決心冒險前並無二致，但那些勇敢出走時經歷的反覆探尋，會讓你得以帶著堅定的解答無悔的繼續往前走。

最後，渴望著踏上改變道路的你，請記得隨時回頭，看看在你追求自我的過程中，是誰在背後給予你支持、當你的靠山，無論是經濟、課業，抑或心理層面；能夠擁有搖旗吶喊追求自我與選擇的權利，是因為自己已經站在許多幸運之上。當認知到成功的葳蕤繁花是來自身邊的人一同澆灌的結果時，能惦記著這份感謝的人才更為富足豐滿。

祝你們成功，但請別忘記，失敗也是另一種祝福，唯有坦然接受，才能帶來成長。

從台大醫到麻省理工我所學到的事

醫學系
姚俊辰
武陵高中畢業

我是姚俊辰，桃園人，武陵科學班畢業。由於對臨床與研究都頗有興趣，我踏進了台大醫。然而經歷僵化的醫學系教育後，我選擇轉學，現在於麻省理工主修腦與認知科學以及輔系生物工程，回到最愛的基礎研究。接著我會分享關於大學這四年的見聞與想法，希望對於想了解醫學與基礎科學的人有幫助。

台大醫菜鳥

甫入校園，興奮的大學菜鳥大概分成兩類，一類是看到好多好有趣的課外活動都去參加，另一類是看到好多好有趣的課都想去上，我是後者。然而最後被課表綁架的我失去了到中研院做實驗的時間，且更令人沮喪的是，通識跟必修課除了微積分之外，好像學不到什麼東西，每堂課都很水、考試很空洞，只是很表面的背起來、寫出來之後又馬上忘記，就這樣渾渾噩噩地過完大一上。

不過，幸好在某個因緣際會之下認識醫學系學長，聽他分享哈佛幹細胞研究所暑期實習計畫（Harvard Stem Cell Institute Internship Program, HIP）的經驗，讓我眼睛為之一亮。回首高中研究經驗，從中央大學到中研院都經歷過了，下一個關卡當然是要去國外看看！升大二暑假我第一次踏上美洲大陸，在哈佛展開兩個月的研究計畫。

我分配到的實驗室在哈佛牙醫學院，就在大名鼎鼎的哈佛醫學院隔壁。實驗室人不多，研究主題大致分成兩個：牙科疾病跟硬骨發育。老實說，來之前對實驗室的想像與實際落差頗大，實驗設備跟中研院差不多甚至略顯不足。更甚者，老師打算給我的工作，竟然只是用一個影像軟體（ImageJ）分析學姊的實驗結果，因為那是一個勞力密集且低知識門檻的工作，真是適合一個暑期生來做呢！我大老遠來美國用電腦數細胞？Excuse me? 我開始思考著要怎麼改善這個困境。

任何研究計畫都由三個角度出發：研究問題、背景知識、實驗方法。於是隔天我跟學姊討論整個研究計畫的大方向，她們過去完成了哪些實驗，哪些是已知哪些是未知，認真研究文獻，尋找尚未解決的問題。接著考慮實驗室器材的限制，擬定實驗流程，最後寫了一個我認為可行的研究計畫，主動跟教授要求一個meeting聊一下，能不能執行我的想法。在準備充足的情況下，教授頗為滿意，也放手讓我去做了。研究做得開不開心與成不成功，很大一部分取決於主動與興趣。

做實驗外，我也見識到波士頓這個生醫生技重鎮的學術環境以及美國成熟的研究體系。醫院（麻州綜合醫院、波士頓兒童醫院等）、學校（哈佛、麻省理工〔MIT〕等）、藥廠（默克、輝瑞等）三個要角沒有地理隔閡，加速合作跟交流的機會。而由國家衛生研究院所規畫的研究重點發展項目，更是主導生醫研究往對的大方向走。這兩個在台灣雖然有起步，但都不夠成熟。

這兩個月也促進我思考未來研究專注的領域。由於經歷過許多實驗方法的限制，我發現比起「科學」，我更喜歡做「技術」（Technology）開發的研究，也就是發明新的實驗方法。的確，綜觀生命科學研究史，技術發展往往都是重要的里程碑，因為它們得以提供實驗證據來回答科學問題。例如X光晶體繞射讓我們看得到DNA與蛋白質的結構；PCR讓DNA功能的研究變成唾手可得；螢光蛋白讓專一性地標的生物分子變得容易；CRISPR加速了解基因型與表現型之間的關係。

總之，經過美國學術研究的洗禮跟找到自己對於研究技術的興趣之後，我開始萌生轉學來美國的念頭。

MIT轉學大業

最初對MIT的想法是知道很多教授的研究主題都跟新技術開發有關，是我感興趣的。不過除了這個拉力以外，對醫學系課程的冷感是另一個推力。比起理工科系強調基礎扎實才能向上延伸的垂直性知識脈絡，醫學系所學的內容像一張網，每兩個詞之間存在一個關聯性。而學習目的就是看到某個關鍵字的時候自然而然會聯想到其他的詞。其實這樣的教法也沒錯，醫生必須有能力在短時間內，從病人狀況聯想到可能的診斷跟治療。二三四年級的基礎醫學目標就是先建構出這張網，等到臨床的時候再去慢慢磨出邏輯。而為了因應這種教學模式，出現一堆共同筆記和只需不斷刷考古題就可以拿高分的情況，也就不意外了。

電影《三個傻瓜》（3 Idiots）男主角在台上教課的那一幕，差不多就形容了競爭激烈、讀書壓力大的醫學系現狀：「當我提出這個問題的時候，你們興奮嗎？為獲得新知識而激動嗎？好奇嗎？沒有，你們都陷入了瘋狂的競賽中。即使你第一個找到了答案，這種方法有什麼用？你的知識會增加嗎？不會，增加的只有壓力。」比起了解知識本身，我所嚮往的是扎扎實實地了解知識產生的過程，進而思辨它是否正確。而這正是科學研究之所以存在的原因，但在醫學系的訓練裡頭，很難學到。醫學系僵化的教育系統與對美國頂尖研究環境的嚮往，一推一拉之下，我來到MIT。

MIT（Made in Taiwan）的MIT人

MIT跟台大第一個最讓我感覺不同的是落實的導師制度。期初選課、之後的加退選、凡重要的行政事務都需要導師的同意，也因此我有了很多跟教授聊天的機會。第一次見面就改變了我對研究的想法。

科學的目的是一步一步拆解了解ground truth，而了解ground truth之後就可以engineer。生物系統的ground truth是什麼？這取決於你有興趣的問題是什麼。遺傳學家可能會說基因序列跟表觀遺傳是ground truth，結構生物學家可能會說蛋白質裡頭胺基酸交互作用是ground truth。但無論如何，在後基因體時代，生物研究的空間尺度已經無可避免的走向分子層級，而也正因為如此，化學跟物理在生物的重要性大大提升；此外在DNA定序成本不斷降低之下，未來只會產生愈來愈多的資料，學習電腦科學已成為必然。我會建議若有興趣走生物研究，基礎的物理、化學、電腦科學、數學不能偏廢；同樣地，這些領域的學生若對生物有興趣一定找得到地方應用所學。以MIT來說，腦與認知科學系其實很多教授以前是學物理、電機資工的，之後才跨到神經科學，並且做出理論與技術上的突破；化學工程有一半的實驗室在做生物系統相關的研究；生物系也有不少物理背景的老師做的是單分子生物學、計算生物學，提供傳統生物學一個全新的視角。

MIT自由的選課讓我課表大概分成兩大類：一是物理化學這種基礎課，二是較偏重記憶、生物類的課。學習前者時可以想想有什麼所學能應用到了解生物系統上；學習後者時不要只是一味的背誦，而是去思考有什麼還是未知的，研究方法可以怎麼改進等等，慢慢地累積許多可能可以實行的研究計畫，也是訓練研究能力的一種方式。在某次演講中我就用了這個思考方法，演講結束後跟教授討論，她馬上歡迎我到她實驗室執行這個研究計畫。機會是留給準備好的人啊！

至於未來的打算，短期目標是今年申請系統生物學或生物工程的博士班，長期目標是研究一個我有興趣的課題。目前偏好是留在學界，因為我覺得生技業界的研究太偏應用導向，往往只處理產品優化的問題。這不代表它不重要，只是我更有興趣的是當個人類知識的礦工，一點一點挖出許多生物系統的未解之謎，試著理解數十億年演化遺留的自然之美，從中窺見些許大自然的智慧。

醫學與哲學：實用與無用的矛盾對決？

葉妮姍
護理系、哲學系
文華高中畢業

我是妮姍，來自台中的文華高中。

我的經歷稍微特別。高中因為喜歡生物，選擇了台大護理。又因為從小喜歡思考，因此雙主修了哲學，是兩屆台大哲學桂冠獎得主。課餘時間自學設計，在系上活動和學生會議做過設計和行銷。後自學程式，大四的我正在一家來自矽谷的軟體公司，擔任小小實習工程師，並將從哲學系畢業。

我自己因為跨足兩個差異很大的科系，所以特別能體會「醫學院」跟「人文學院」的學生，各自在大學生涯探索的茫然與困難。

因此我想從自己的經驗出發和讀者分享，我認為「醫學院」跟「人文學院」，在大學分別該注意的重點。

護理系擁有「職業保證」的反思

當我大三逐漸把重心轉到哲學系時，偶爾遇到一些人問我說：「為什麼要轉過來？這樣之後要做什麼？」從這樣的驚呼中，感覺得到他們很羨慕醫學院的學生，認為我們不需要煩惱自己的出路。

但事情根本不是如此幸福美滿，令人羨慕的表象背後付出的是更多的代價。人們只看到醫學院的工作穩定、保障起薪，但卻忽略了背後付出的是「大學時期所投入與犧牲的時間」。以我觀察護理系學生來說，當其他學生在享受大學生活時，他們已經花了很多時間在學習專業醫學知識、在醫院實習、寫報告，還有不斷為實習而崩潰（根據我對室友的觀察）。因此，四年後，當多數畢業新鮮人什麼都不懂的時候，護理系的畢業生已具有一定程度的實戰能力，理所當然也有不錯的起薪，但這都是四年青春換來的。

所以呢？還是很令人羨慕啊？

我卻認為相反，專業訓練是一把雙面刃。它雖然能盡快讓學生在大學四年成為一名專業的護理師，但它其實限縮了一個學生未來的可能性。

就我的觀察，護理系未來出路因為過於明確，許多人在大學根本沒有意識到自我探索的重要性。直到畢業之際，當部分人終於意識到自己不喜歡（或是不確定要不要）念護理的時候，他們就會赫然發現「不知道自己還喜歡什麼」（因為大學都在做一樣的事情），或是「自己除了護理之外什麼都不會」。最後呢？就是繼續走原本的路，形成一種痛苦但離不開的窘境。擁有專業是件好事，但背後的代價是——當一個人在還不確定自己喜歡什麼就大量投入時，他也愈容易被專業綁架。

因此作為一個前醫學院學生，我個人的體悟是：專業是把雙面刃，它幫助你但也綁著你。

大三我會轉換科系的一個原因，是因為我很害怕。我覺得我才二十多歲，明明處在一個充滿可能性的年紀，但我的未來卻已經被收斂到一個線上。完全可以從人生的這頭，看到人生的另外一頭，所以我抱著一種恐懼的心情想去嘗試更多的可能。到現在，我依然不覺得醫學是個糟糕的專業，我只是覺得一個人在確定自己喜歡什麼之前，還是盡量多參加其他活動、實習，累積其他領域的更多經歷、技能和信心。不然愈到後面，專業訓練程度愈高，就非常容易被這個專業綁架。

另外，我體認到「醫學知識」不等於「醫學服務」。

我因為高中時很喜歡生物，選擇了護理。但在實習的過程中，我發現自己其實不太喜歡這種需要高頻率與人互動的工作。這件事給我最大的體悟就是——「醫學知識」跟「醫學服務」是不同的兩件事。我喜歡醫學知識，但是我不喜歡醫學服務。

「哲學思考」與「哲學知識」的反思

大三之後，我的重心幾乎轉到哲學。護理跟哲學是一個很矛盾的組合，前者過度實用，後者過度抽象。

很多人喜歡強調哲學多麼重要、多麼偉大，但我其實很討厭這種過度吹捧的觀點。至少對我而言，我完全不覺得學習笛卡兒「我思故我在」、柏拉圖「理想國」之類的知識，能獲得什麼來自宇宙深處遠大的意義。

但哲學真的那麼沒用嗎？好吧，當然不全然是這樣。

哲學知識本身雖然無用，但學習這些無用之學背後卻有巨大的好處，那就是——對思考問題能力的訓練。正因為哲學答案本身沒什麼用，所以思考的過程變得很重要。因此，在哲學系課堂上，最重要的不是找出答案（通常也沒有標準答案），而是去檢視思考過程中分析問題、拆解問題的方式是否合理。

雖然我同意「哲學知識」非常無用，但卻也覺得學習哲學知識過程中培養的「哲學思考」能力非常實用，可以普遍應用到各個領域之上。

因此作為一個現任人文學院學生，我個人的體悟是：「無用之學」很無用，但也很有用。

雖然每個領域狀況不同，但我覺得在人文學院中，許多的「無用之學」（像是文學、歷史）和哲學一樣，其實都提供了類似的隱性訓練，例如：對寫作、美感、歷史觀、邏輯思考……能力的培養。幸運的是，這些訓練可能只有大學有機會遇到。工作之後，有幾十年的時間學習各種專業、實用技能。但好像只有在大學的這幾年，我們才有機會讓自己沉溺在這些如此無用、深刻的知識之海中。

此外，我亦認為，人文學院學生的特別之處，正在於——我們對世界擁有獨特的視角。當社會上大多數人只看到錢、成功、名聲，這些單一價值時，還有一群人，能欣賞詩的美、用獨特的觀點分析事件，這不正是無用之學的有用之處嗎？

好吧，無用之學也會綁架人。

雖然不像醫學院一樣嚴重，但人文學院確實也有被專業知識綁架的可能。比如說，假設我大學只認真研究哲學，那我畢業後可能就發現自己除了哲學什麼都不會，之後，我可能就會去考研究所。但研究所畢業後，雖然哲學愈學愈專業，但我可能仍然沒有其他技能，還是不知道可以做什麼，因此也把路愈走愈窄。不過幸運的是，相對於醫學院，我們有更多的彈性、時間探索不同領域的事情就是了。

醫學與哲學，誰實用？誰無用？

醫學與哲學，一個實用一個無用，是一個充滿矛盾與張力的組合，但其實它們也只是一個體的兩個面。醫學雖然實用得令人羨慕，但實用的背後是專業上的綁架和使用情境的限制。哲學無用得雖然很令人沮喪，但無用的背後訓練出的是通用的軟技能和更高的視野。

所以到底是誰實用？誰無用呢？可能很難說呢。

大學要多嘗試，但沒有機會怎麼辦？

前面我都提到了避免專業綁架、要多嘗試探索。這時候可能會有人想到「可是我沒有經驗，誰要給我嘗試？」——我很能理解這樣的心情。

我自己也有幾次嘗試申請外面實習卻被拒絕的經驗。當時的我因此覺得很沮喪，直覺是因為科系不適合、自己很沒用。但換位思考一下：面對一個什麼經驗、作品都沒有的申請者，本來就沒人有義務付錢請對方來探索人生。

後來我回顧了自己一些比較成功的成長路徑，發現更理想的做法，應該是——從小處著手，慢慢的往上嘗試，慢慢累積經驗、能力和機會。

比如說，我大學做過許多活動的設計（像是之夜、學生會議），也接過一些案子。但我不是一開始就懂設計，大一時，我就只會用PPT拉圖，是同學看我PPT做得還不錯，找我去為護理週做宣傳圖。後來，因為圖做得還不錯，又被拉去做護理之夜的行銷部長（是當上部長後，我才趕忙去學PS）。開始有一些相關經驗後，我又負責了一個學生會議的設計工作（也是這時候，我才趕忙去學AI）。大四時，因為有些設計能力，加上會寫程式，被錄取為軟體公司實習生，除寫程式之外，公司也讓我幫忙做一點使用者介面的設計。

最後，我明白了。真正的秘訣是——不要想一次就挑戰最難的事情做。

如果找不到公司實習，可以先去參加學生組織。如果找不到學生組織活動，可以幫忙系上的活動。如果連系上的活動都不要你，那可以自己花錢去外面上課學習，我相信不會有老師拒絕賺你的錢。

總之只要用心，每個階段一定有每個階段可以嘗試和努力的方向。

我最喜歡的偶像曾說過「最好，是更好的敵人」——不要一次就想達到完美，因為追求完美只會阻止你變得比今天更好。

夢醒後的三隻青蛙

土木系
蔡亞芸

北一女中畢業

我是阿蔡，今年土木系大四，正以交換學生的身分就讀加州大學柏克萊分校，未來打算申請國外研究所。如果你對我的故事有興趣，那麼請聽我輕輕地說「睡美人阿蔡與她的三位王子」。

人生課堂的大夢初醒

那一天，在人生的課堂上，我從沉沉的夢中甦醒。

從國中開始我就是個愛玩的孩子，就讀北一女中時，既不像天才同學那樣聰明，也不像乖巧同學那樣努力。直到升高三的暑假，坐在飛往奧地利的飛機上，即將與隊友們遠赴中歐表演的我，才意識到自己除了儀隊那把黑槍之外，腦袋裡什麼也沒有，更別說心胸懷有什麼大志了。前途，似乎比太平洋還要茫然。

考上了台大土木系後，新鮮人阿蔡卻重蹈覆轍——課堂上昏昏欲睡，課堂後精神奕奕。學長姊總說：「微積分是大家蹺掉拿來練舞的課！」現在大四的我回頭看，卻為當時道聽塗說的自己懊悔不已，因為微積分是再基礎不過的打底能力。但直到大二上時，出現了第一位王子，才真正使我大夢初醒。

「當你進入台灣大學，坐在這裡上課的同時，有多少人已經在思考下一頓的溫飽？當你在思考要不要蹺課的時候，他們已經是經濟獨立的個體，試圖扛起自己的未來了。」在大學，鮮少有教授關心學生的心理健康或生涯規畫，師生關係也大都疏遠，但那堂「運輸工程學」的教授卻用掉一次完整的上課時間，給予台下學生當頭棒喝。他教的不是如何策畫錯綜複雜的鐵軌，而是如何規畫屬於自己的、獨一無二的人生道路。

他是讓我清醒的第一位王子，點醒了在台下沉睡已久的我。

儘管我依舊不曉得什麼事情對我的未來有所助益，但是可以肯定的是——漫無目的地在台灣第一學府裡度過四年，絕對是浪費我的青春。

清醒是第一步。有了生涯規畫的想法、開始在意自己的未來（就像現在閱讀這本書的你），未來就已經開始形塑了，儘管它此刻看來似乎混沌模糊。

愈是困難，愈要堅定克服

堅持等於堅定且持續，遇到困難，轉恨為愛。

於是，起初漫無目的、混沌不明的我找到了在大學四年生涯裡最重要的目標：出國交換。申請出國交換最看重的便是平時在校成績，然而當時有一門課（材料力學）特別困難，而我卻異於以往的充滿克服它的動力。我幾乎每天放學後就窩在圖書館，試圖思索出頭緒來，哪怕只是一丁點兒的開竅也好。

我從小便不喜歡數學，每次練習題目時總讓我痛苦不已。直到首次接觸這門學問，我才第一次感謝過去十年來，那些教我數學的老師們以及沒有放棄數學的自己——如果學了這麼多數學，是為了讓我遇見你（材料力學），那我總算甘心了。

材料力學的教授便是阿蔡心中的第二位王子。我是他的頭號粉絲，上課極度專心，下課巴著他不放，整日研讀講義，還不時在社群軟體上表達對材料力學的恨與愛。當時萬萬沒想到，瘋狂粉絲的行徑會招來第三位王子的出現。

機會，是給願意挑戰的人

另一位教授見我如此熱愛力學，主動詢問我是否有興趣做力學相關的研究題目。當機會如此不請自來時，究竟有誰是準備好的？當我表示自己能力不足，正想要婉拒之時，老師卻說：「興趣比較重要。」就此開啟了我之後三個學期，修課與研究並進的精彩大學生活。

首次接觸研究領域，總是有學不完的事情。無論是抽象的概念與理論（整個研究題目的走向、分子動力模擬理論），或是具體的技術與方法（遠端連線電腦、建立模型），老師都願意與我討論。剛開始的我走得很顛簸，幾乎任何一個小細節都需要求助於人，到後來對這個方法逐漸上手，終於能夠在茫然的研究數據中，觀察、發現、闡述想法，體會到做研究的新鮮與成就感。

學習一個新方法、新工具，有很多時間是花在尋找錯誤。有一次，我要建立一系列六邊形的模型，然而無論怎麼操作，這些模型的邊長與角度變化的方式，總是難以掌控。我不斷的檢查自己寫的一行又一行的程式，認為錯誤一定就藏在建模的邏輯裡面。最後，靈光閃現之下，我才明白原來是用錯角度單位的問題（弧度與角度）。諸如此類的小細節比比皆是，時常造成不必要的卡關，但這些犯過的錯誤卻也是必要的經驗累積。

做研究比起上課，不但更能磨練自己「堅持不放棄」的心志，還強化了我「勇於接受挑戰」的心態。第一次在研討會上報告、第一次撰寫學士論文、第一次口試，所有的第一次，都讓我在挫折中一步一步建立自信和能力，不再畫地自限或自我否定。在加州柏克萊大學交換的這段期間，雖不乏玩樂與各種人生體驗，但我仍舊嘗試挑戰一門研究所的「固體力學」課程。難度遠較材料力學高，但有了曾經的挑戰及研究的磨練，修課期間雖然幾度想要放棄、停修，可最後還是挺過去了。我了解到，挑戰一門超越自己程度的課，雖然無法吸收全部的知識，但獲得的那百分之七十卻也足夠令人興奮了。

我想，這一次，當我坐在回台灣的飛機上時，應該不再覺得未來像太平洋一樣茫然——我可以很肯定地踩著前往研究所的步伐，然後一頭栽進使我著迷的領域。

上大學後，睡美人如我，遇到三位王子。第一位王子使我甦醒過來，設立目標並且持續努力；第二位王子讓我體會到何謂熱愛，何謂廢寢忘食；第三位王子給予我無數次的機會與挑戰，幫助我建立自信的同時也促進我學習的動力。我不確定你的大學生涯會不會出現王子，但你可以多多留意三隻青蛙：轉變、堅持與挑戰。

雙向通行的專才

工海系
蔡定揚

高雄中學畢業

我是就讀於工學院工程科學暨海洋工程學系四年級的蔡定揚，出生於高雄市，母校為高雄中學，我想要分享的方向是「當有複數愛好或專業時，在大學時期的各種選擇與其造成的結果」。

上述所謂的第二專長或專業在我身上是音樂，除此之外還有很多愛好，像是打籃球、踢足球等等。高中時期的我敢說這些我都表現得不錯：小時候是音樂班，音樂底子原本就比一般人厚，高中也有短暫參加過籃球校隊。但這些都不是重點，我真正要講的是，當這些成就或是專長興趣變成後續選擇的前提。

我覺得我的選擇受自己的性格特質——保守和貪心——影響最深。怎麼說呢？

保守的部分指的是我其實始終不敢下決定，高中考大學時，家人就曾經問過我的志向，他們也大方表示，音樂這條路雖然看似窄，但他們不會反對。不過現實考量，我最後還是選擇工程科系，當後來在大學的學業表現不好，家人又多次跟我溝通轉行的意願，但不知道是鐵齒還是因為覺得念音樂的人比較狹隘，雖然自己心底暗自決定，未來要往音樂方向發展，但還是不知道是迫於哪裡來的無形壓力，總覺得不想要放棄工程領域。

貪心則是，高中的時候除了沒有女朋友，其他方面都是別人眼中的勝利組，雖然不是樣樣頂尖，但都在不錯的水平之上，想當然的，上大學也想要維持這樣的狀態，儘管之後開始崩解，但到現在還是沒有放掉這個「全能」的想法。我想，保守和貪心是讓自己綁手綁腳的主要因素。

生活中充滿各種挫折

這四年來，我對工程的學業和音樂一直處在躊躇不定的狀態，覺得兩個都好像很不錯，當工程人員很酷，但當樂手或編曲、作曲家也是一件自己很享受的事情。接下來會就幾個比較主要的轉捩點的故事以及心情想法來和大家分享。

首先，籃球跑到哪去了？上大學以後加入系籃一個學期就退掉了，這純粹是因為沒有很喜歡系籃的體系和練球方式，也因無法變成專業，起初就沒有打算花那麼多時間打球，加上懶惰，所以很勢利的就放掉了，轉而偶爾打打三對三，運動一下。

剛上大學的我，和一般大學生一樣，先在系上和學校裡交朋友，玩一些大學生會參與的活動，那段青春歲月是我理想中的——音樂、課業和大學生活同時進行，而這持續到二上。大學裡會舉辦許多表演類型的活動，這時候會音樂、舞蹈或美術等等才藝的人也就特別吃香。不過，當別人把你的能力視為理所當然，甚至變成不需要練琴和事先準備的理由，還要一直救別人、跑龍套，這實在是一件令人非常沮喪的事情。俗語說能者多勞，有能力幫忙是一件很光榮的事，但是這裡所說的勞是勞動，而不是勞苦。勞動的話，自己至少會感覺到進步，或者從過程中得到一些經驗和想法；但勞苦就只是單純的苦力活，還吃力不討好，二上某一次表演之後就不再參與校園中的演出了。那之後，漸漸和系上的同學疏離，不是到鬧翻的程度，卻慢慢的邊緣化了。雖然這段時間不是很開心，但是幫助我理解樂器的本質與角色，也影響到自己的心理耐受度，日後出去表演變成不太會受觀眾影響，更加的專注於自己卻也能心安理得。

感情上和系上同學的疏離，在實際層面上影響到了我的學業表現，沒有人罩、孤軍奮戰，我也不是特別有天分的人，所以念起來就顯得特別辛苦。但我並不把這個結果完全歸咎於不參加活動，另外的原因是我開始追求音樂上的進步。

音樂實作與兼顧課業的挑戰

二上之後，為了更深的探索電音、DJ、混音、錄音工程等等一直都很有興趣的東西，我需要購入一些設備、到外頭上課。為了籌措資金，我到學校附近的餐廳彈鋼琴打工，雖然在鋼琴餐廳彈琴有時沒什麼成就感，因為大多數觀眾不會把你當回事。但就像前一段說的，經過那段沮喪的歷程，心理上已經很堅強了，遇到的老闆們也都很看重我的能力，給我很大的發揮空間，所以做得滿開心的。和其他類型的打工相比，輕鬆愉快許多，也因緣際會認識了外面的樂手，之後與他們在不同的場合一起合作演出、介紹教課，也吸收到以往沒有的經驗。從那時過後，我感覺自己不斷地在成長，且未曾停下！

二下我接了友會活動的總召集人，雖然上面提到，因同儕的原因不想再參加學校活動，但其實自己對大學的表演活動有很多的想法，想實踐自己的理想，也不希望之前發生在我身上的事情重演，所以這次我當了總召集人，一方面聽取大家的聲音、統合各方意見，一方面磨練自己的領導能力。花了非常多的時間，最後想呈現的東西也都有呈現出來，還算滿意的一次企畫，但花很多時間就代表念書的時間更加被壓縮，所以二下的成績一塌糊塗，延畢成為必然的結果，同時對自己的學業表現愈來愈沒信心，到了想逃避的地步。

學業崩潰，但要完全走音樂又沒有膽量，這就是最一開始所說的，保守與貪心在心中拉扯。

時間推到三年級，我對學業成績已呈現絕望狀態，但我認為還是要找到自己的出路。為此，我必須去確定我的音樂實力可以養活自己。我受朋友的邀請去參加了很多大學生音樂比賽，每一次出征都能拿到獎項，自己覺得還算滿意。打工結識的樂手也推薦我到另外兩家餐廳，規模擴大，並接到一些商業演出的機會和教學工作，也考進學校的爵士樂團，認識了更多爵士樂的職業樂手。與更多人交流以後，我看到自己還有一大段精進的空間，於是去找老師指導，進步愈來愈顯著。經過一年後，已經確定自己是有能力的了！而剩下的目標是努力把學業完成，投入了三年的心血，不想就這樣輕易放手。

雙向通行不是不可能

其實到頭來還是發現，自己基本上態度沒有變。還是想要同時掌握喜歡的音樂和工程學，雖然中間的歷程讓我有很多想法上的變化，但是我還是熬過來了，並期許往後可以吸收這段時間的經驗或教訓，變得更加成熟。

如果說讓我從大一再開始一次的話，我覺得最重要的是，要和系上同學保持好關係，不見得要擔任系學會要職或者常常張羅活動的角色，但是盡量不要成為和系上同學沒有感情聯繫、只有上課的時候會出現的人物，下課一起吃飯或者喜歡運動的就一起運動都行。同學們學的東西都差不多，思考方式也會比較相近，從學業乃至其他的資源都可以互相分享、互相切磋，我到了大四才體會到這點的差別是十分巨大的。所以儘管高中好麻吉、隔壁系的正妹、社團的好友……這些原生活圈有多麼舒適、多麼想要膩在一起，都不要和系上同學疏離，這樣不管利益上或情感認同上都會有很大的負面影響。

除此之外，我覺得以上經歷裡面自己做得很棒、很值得、建議大家也一定要完成的部分，是實習或實作經驗，以我的情形來說是去做音樂類的工作、接表演、參加樂團、籌組樂團、編寫譜曲、錄音、樂器教學等等。實際的經驗與純粹自己想像的會有極大的落差，而且絕不要認為在學校所做的能視為現實社會的等比例縮小版，因為尺度和利益糾葛產生的落差非常大。舉例來說：外面的商演與自己系上的表演相比較，前者的練習次數基本上為一次，兩次就是奢侈、高成本、不划算，但明明是一個大型的演出，像是尾牙或接待國際外賓這種等級，所以可想而知，事前要做的溝通與本身應具備的能力，和在學校裡做好表演所需要的程度相差非常非常的大。我雖然沒有工程方面的實習或工作經歷，但可想而知其中一定存在著很大差距，所以我覺得實習或興趣上的短期工作是很重要的。

總括來說，我認為要同時兼顧兩個專才不是不可能，但會需要更多的時間投入、確認是否有「兩項」專才、確認是否真的喜歡這兩項才能，並且為自己尋求各個面向的幫助。甚至想下重話、嚴厲地說：「不這麼做的話，不是需要花比四年更久的時間，就是最後終究會碰到要放棄一邊的狀況。」很希望跟我很像的讀者能從上述經驗中想出一些策略來應對，不管你擁有哪個第二專長：攝影、舞蹈、繪畫、表演、主持……希望每個人都能夠找到方向、找到節奏以及找出自己不後悔的選擇。

高中時不認識的「農經系」，卻成人生路上的推進器

工管系
邱詠文
高雄女中畢業

若要說自己的特質，不如就說我是個最最最幸運的普通人吧！

從一進入「台大農經系」開始，身邊質疑且輕視農學系所的音浪便從未停過，連帶動搖了自己是不是該轉系來逃避。但最終我決定用一年光陰去找出並證明念這個系所的價值。而在大一結束時，我克服了最初身邊質疑的聲浪，在我確定對於留在原系或轉系都能說出明確的理由後，便帶著決心離開「農經系」並轉進「工管系」。

在高雄女中的日子，一直都是記憶中最美好且燦爛的。就算是社團的燦爛褪去的高三這年，拿著一張不高不低的學測成績單的這刻。眼看著分數接近卻過不了當時高中生嚮往的台大管理學院一階篩選門檻，也曾因為這樣的結果徬徨了一陣：「台大認識的系

都填不上，填得上的系卻從來不認識。」這樣事與願違的情況其實才是人生的真實面，光在我身邊就佔了八成以上，也是當時高中生人人的徬徨。最後，我拋開了厚厚的科系指南，在有限的選項中，用了一個方法來篩選答案——「未來想做的事情、想去的地方」。

入學時的科系並不是終點

當年，在填了六個志願，只有一個科系接受我去面試的情形下，我用心準備了台大農經系的面試。闡明我對學習農產企業管理、農產行銷的動機，甚至以台灣知名的農企業品牌「微熱山丘」為例，最後以正取第四的成績被錄取了。而為什麼我選擇填寫「農經系」的志願呢？一則是覺得課程聽起來挺有趣的，二則是因為觀察到農經系大一必修與管院一模一樣，我認為即便走到最後發現不合興趣、仍想轉系到高中時的志願——管理學院，這至少是一個「事前的」準備。

成為大一新鮮人後，蜂擁而至的大學活動的確讓人心醉神迷，熱舞社小成、雄友會活動、大學之夜表演……對於一個尚未確定非要轉系不可的人來說，的確是分走了許多心神。相較於PTT轉系圈中的諸多大神，甚至為了轉系退掉所有必修、每天關在總圖衝GPA，我打從心底無法做到一樣的事。我沒辦法接受大學的第一年中為了一個目標，永遠只做同一件事，既然都來到跟科系最直接的所在地了，來到這裡並實地去各個系所感受、理解、問朋友念該系的感覺，是不是比上網看鄉民道聽塗說該念什麼科系，更顯得為自己負責呢？

為了給出自己一個「為什麼要轉系？」的理由，我希望在半年後，比誰都還更清楚「農經系是個怎麼樣的系」。

於是在大一下學期，一樣維持著固定念書的習慣，但另一方面我透過許多臉書上的社團資訊，主動爭取了系上在農業經濟領域知名老師主辦的研討會中的支援機會。到農糧署邊旁聽討論農業經濟的內容，邊看著領域裡有成的研究所學姊發表的農業經濟研究論文，心中思考著自己期待的未來就是如此嗎？另外也因為投入相當多的時間思考、探索農經系所學在台灣社會中扮演的價值。一直到最後認為自己有辦法講出一套完整邏輯介紹心目中的農經系後，還自行準備了五分鐘的科系介紹簡報，去到某間人力公司的總部，進行了「大學微講堂」的錄影，希望能幫助未來的高中生更認識這個系所的真實。

「農經計畫」愈做愈有興味

過了一陣子後，我又聽說系上在招募舉辦「農經小村」的負責人了（台大每個系所都有自己系的校園擺攤活動，販售特色食品、飲料等等），突然間我靈光一閃，有沒有辦法藉著這個全系的活動，順勢向校園裡的其他同學展示「農經系」的系所特色？

在當時，想證明價值的心情超越了一切，在一週內迅速聯絡了系上夥伴後，我們一同取得共識、籌組好核心團隊，爭取到系上「農經小村」農夫市集擺攤的機會，發想出關於「綠色經濟」、「從產地到餐桌」、「小農合作」等獨特價值主張。除了希望這座城市裡的人關心起自己的飲食，連帶整個台灣農業的供應生產鏈，也可以再多花一點心思，選擇出自己希望支持的食物生產方式，的確，這是個再適合農經系不過的事了。於是在這半年中，我和一群想一起努力的同學（幾乎是整個系）去了坪林拜訪茶農、和擁有雲林整片有機菜田的ＥＭＢＡ學長們合作、選用公平貿易食材的自製甜點，努力將理念相近的產品帶進台大，透過農經系的學生去行銷推廣出一片藍海商機。

還記得那天農經小村第一週是與整個農學院的「農學綠領市集」一同登場，只見舟山路上擠滿了二、三十間綠色農夫市集的攤位，而我們攤位前排排新鮮翠綠的茼蒿、青江菜都令婆婆媽媽們眼睛為之一亮，才過半小時，我們的攤位就已被擠得水泄不通，幾乎同時有十幾位農經系的同學都出動向顧客介紹我們的攤位，笑著說我們來自農業經濟學系，驕傲地說這邊的產品可都是農經系ＥＭＢＡ學長姊親自栽種的有機農產品！還記得有位媽媽一邊聽著系上同學介紹著我們攤位的理念，還有各個產品的產地直送及有機栽種，一邊認真地點點頭說著「現在的學生真的很不錯」，在介紹的結尾，她突然抬起頭笑著說她是來自農經系B60幾的學姊（相當於六十初年次入學），很開心看到現在的農經系增添這麼多活力的色彩，也懂得善用自身系所的資源，一邊說著就一邊把檯面上幾乎所有的農產品都掃進懷中，霸氣地說這些她都要了！

在市集現場的我和其他夥伴們不只被學姊的肯定感動，短短兩個週末（四天）也湧進了各方的朋友，只因我們真的太過認真宣傳，即使是和農經系不熟的同學也都耳聞了這個好活動，紛紛現身支持。最終這個綠色市集的品質不只獲得很好的評價，短短四天賺進了超過十五萬的營業額，也許最重要的是，不僅只有我，迷惘的、鬼混的同學們都藉著這個機會，用盡全身力氣的去試、去追，路途上的跌跌撞撞才能撞出未來的清楚模樣。

但身為綠色市集發起人的我，在探索的路上走著走著，半年來堅持向這個社會述說了不下百次的綠色理念成功傳遞到大家心中後，卻也漸漸明白了，為何我決定要離開這個系所。

親身驗證後，未來的輪廓更清楚了

在農經系的日子裡，我建立了不同於一般學生對於社會農業的關懷，但我卻在市集現實的營運當中理解，即使理念再好，若沒有商業上的行銷手段、不會製造和別人的差異點，這些理念是永遠沒辦法好好傳進別人心中，僅能孤芳自賞罷了。有人說過「生活處處是行銷」，我也覺得所言不假，就像我這樣燃燒自己般的辦起了校園獨特的農夫市集，但倘若我不會宣傳活動、不會製造記憶點、不會創造讓他們願意出門來參加這場活動的理由，那麼即使攤位裡的食物有多麼新鮮美味、產品是多麼優質健康，再好也永遠是同溫層的泡泡。這不是我當初選擇頭洗下去辦這場活動的原因，我希望做到的，就是將農業經濟的價值推廣到圈子外。

如果當時我沒有選擇舉辦這場市集、沒有動起雙手驗證對系所的假說，那麼我不可能發覺自己究竟想要什麼，在大學畢業前帶走怎樣的知識。在學期的尾聲，我最終提出了到工管系學習營運管理、行銷的轉系申請，但同時申請了雙主修回農經系的資格，此時的我已經不像是高中時，徬徨著台大五十一個系所當中該做何選擇，我已經明白這當中只有一個系所是我真正該選擇的。

假使看到這裡的你，也正在思考著轉系這個選項，我想先說恭喜你，或許接下來執行轉系會是讓你成長飛快的時刻。但記得在決定之前「先動手」，驗證自己對原系所的假說是否正確，再確定你要全力衝刺的究竟是什麼方向，我也相信，只有當你確信自己有一件很想要完成的事的時候，全世界才會聯合起來幫助你走完全程。

「轉系」兩個字絕不是意味著成功者的故事，過程中總是一人在冷冷的床上輾轉難眠，焦躁著成績如何維持在成功的水平上。但回過頭不禁感謝起那段目標特別清晰明朗的日子，道路上或許像是一名旅人追隨著北極星的方向、在沙漠中踽踽獨行，但當追逐著「未來想去的地方」如北極星的位置時，不知不覺中就比安逸的成功者走得更遠些了。

一個人生抉擇的故事

公衛系
廖士翔
台中一中畢業

我是廖士翔，來自雲林，雖然如此，但我高中卻是在台中一中度過的，目前就讀台大的公共衛生系。我覺得我是一個有時候有點慢熟、但大部分時候挺外向熱情的人，我決定要做的事就要做到最好，但也因此有時會死腦筋、太固執衝動。

第一個人生道路的抉擇

當初會跑上台中就讀，除了想一窺名校丰采外，很大的主因是因為我最好的朋友也以台中一中為目標，很幸運地我們都有考上。就讀台中一中的決定，和我之後的求學路程都有很大的關聯，大概是所謂的近朱者赤吧！然而在此同時，我覺得自己對於未來也和很多人一樣，那就是迷惘和不確定。從我選擇中一中的契機就能發現，我並非是一開始就知道中一中這個名校有多好，才努力在國中拚命考上，很多的選擇是因為別人給予我的意見、肯定，給我那種我可以做到的鼓勵，我才去嘗試的。

而這樣的個性與心態也繼續影響著高三考完學測的我：我的學測並沒有預期的好，因此毅然決然和大多數一中同學一樣，準備拚指考。那時的我想著既然決定要考，那就考一個最好的吧！因此以台大醫學系為目標在努力著。但其實心中對於未來是否要從醫並沒有多大想法，只是因為它在家人、學校以及社會的期待中是一個令人崇拜的職業而已。因為不確定自己的未來該往何處，所以才先順著社會眼光走，但也正因為能力可行，才有辦法回應他人和社會的期望；不過這些回應都不代表這是我想走的路，才會陷入自我兩難的抉擇：到底我這樣做是不是我希望的、想要的？

然而最後我考上的是台大公衛系，這一個結果迫使我停下一味地順從回應，讓我開始認真去思考，究竟我想要的未來是什麼樣子。「公共衛生」是一個我完全陌生的名詞，仔細查過網路資料後，還是拿不定主意到底是否應該去就讀？這個決定是我想要的嗎？還是我應該放棄入學準備重考呢？我最後的答案是，不如就試試看吧！如果真的不喜歡，那我可以再決定轉系考或是休學重考。這一次，我想要順著自己的感覺走，因為誰都不確定這條路不會是柳暗花明啊！人生的決定沒有什麼對錯，但我要求自己：做了決定就要好好堅持，至少要把自己答應的事做好。

也因此在大學的第一年我嘗試了很多不同的課，也和不同的老師聊聊公衛這個領域的情況。

這個決定對我日後的影響

在這一年，我漸漸理解公共衛生是什麼，也漸漸喜歡上公衛，最後我決定大學繼續念完公衛的學士。經過了很多事情以後，我認為大學給予我的，不只是讓人深入了解一門科學的奧妙或高深，更多的是你能夠在不同的科目中找到你喜歡的、有興趣的，並且結合到你所學過的各種知識中。以我為例，我喜歡生物、基因方面的學問，再加上公衛教我的生物統計跟流行病學，可以讓我對於更多的資料做有效的解釋。但轉換一個面向，統計可不只是能用在生物的因子預測上，更能用在行銷、財政、人事管理中，而要怎麼運用，就得靠我們的想像和知識去結合。大學就是一個廣博的圖書館，懂得運用資源並自我管理的人將會如魚得水。公衛在我大學四年裡的確給予我很豐碩的知識、資源。

在人生目標上的小成就

除了學業，課外活動也十分重要。其實在我寫下這篇分享前，才剛從國外回來，而這一趟旅程，也是我在大學期間很開心能夠完成的成就之一：出國交換。這是我在進大學前就很想要做的事，也很幸運能夠爭取到這麼一個難得的機會。這一趟交換的經驗讓我看見了世界不同的風景。我在那邊學到的知識技能是在課堂或書本上找不到的：我學到的是不同的風俗文化、看到的是不同的人文風景、遇到的是和我們膚色很不一樣的人，卻都是有著熱心親切好心腸的人們。這短短的四個月交換可能讓我看到的、學到的比大學四年還要多，也發現台灣的好與尚需努力的地方。我想，如果有機會出國讀書，對你們也一定會是很不一樣的人生體驗，我也十分鼓勵大家勇敢去嘗試。

另一個在人生道路上的抉擇及展望

在大學中，除了出國交換的經驗讓我最為津津樂道外，我還做了另一件幾乎是傻了、但卻是我努力追尋未來方向的證明，那就是我在交換期間飛回台灣考碩班考試。這個決定有點唐突，但也不是那麼的天外飛來一筆。本來在大三上申請出國交換時，就知道碩班考試和交換期間是衝突的，當初並沒有想要讀碩班的意願，然而畢業後要做什麼其實我也不曉得，想著或許出國回來一趟後就會找到答案。但在大三升上大四的暑假，我在衛福部食藥署研究檢驗組實習，這個實習的經驗影響了我人生規畫的方向，也因為裡面的同仁分享自己的經驗以後，決定再研讀碩班。

或許有些人會覺得讀碩班只是在混時間、逃避進入社會工作想繼續待在學校的藉口，也或許有人會覺得那我為什麼不利用交換期間在美國找找研究所呢？這些都對，也都是很不錯的決定，然而我得再次強調人生的道路沒有是非對錯，無論別人怎麼說你、質疑你、笑你傻，那都是別人的以為。你的人生是為自己活的，只要你對自己能夠心甘情願，那有什麼是不對的呢？

而我的決定，也是受到實習老師的指引，讓我願意冒險在出國期間回到台灣，參加一個未必會有好結果的考試。最後我成功了，如願考取到志願碩班，也是給自己承諾的交代。當然考上只是一個開始，未來要往什麼職業走，我還是依然迷惘，就跟當初考上大學後的心境一樣，雖然對於未來的願景仍很模糊，卻是充滿希望跟動力，我想這就是在我們這個年紀最大的利器：有著無限的可能和想像，有足夠的執行力去達成大膽的夢。

現在回首，我也不曾想過大學四年會是這麼的豐富。如果當初選擇重考，是不是會不一樣呢？可能會有更多的收穫？但同時我也會失去現在所有的經歷。在人生的道路上，沒有人會知道怎麼樣選擇才是正確的、才是對的，而我在大學的這條路上走得有淚有笑、有苦有夢，能夠說的是我不後悔自己的決定。希望你們也能夠堅持自己的選擇，有著迷惘、困惑、質疑都是正常的，或許會很累很苦，但柳暗花明後的風景是值得投資的。願你們能活出自己不後悔的大學生活。

有夢就去追——給所有害怕前進的你

牙醫系
曾柏鈞
台中一中畢業

我是台灣大學牙醫系四年級的曾柏鈞，出生於台中市，畢業於台中一中。若要賦予這段故事中的我一個特質，那就是「堅持」了吧。

每一個醫學系、牙醫系的學生，都走過一段辛苦孤寂或是曲折往還的求學之路。應屆學測上榜的學生不多、應屆學測加指考上榜的學生大概佔三分之二吧，剩下的三分之一，有的在重考班奮鬥了好幾年，有的一邊讀大學一邊重考，有的甚至大學畢業了才從頭來過。我們每個人，都有著一段漫長的求學故事。

下定決心想考牙醫，是在升高二分組前的暑假。其實也沒有什麼特別的轉捩點，只是因為在性向測驗中沒得到鮮明的結果，爸爸（我父母都沒有從事醫療相關工作）提了個建議：「不如考牙醫吧，至少日子過得安穩！」當時待在熱音社的我，想像著未來能夠一邊當牙醫、一邊玩樂團的生活，就這樣填了三類組，立定了考台大牙醫系的目標。成果發表結束的隔天，便展開了三年跌跌撞撞的考試旅程。

顛簸的苦讀時日

我明白自己高一、高二累積的基礎不夠扎實，所以高三的我比誰都認真，下課後總是第一個到圖書館，最後一個離開，一分一秒都不願浪費。學測成績，七十級分，台大綽綽有餘，牙醫遙不可及，我毅然決然衝刺指考。指考成績，差不多落在台大中後段科系，深信努力可以換來一切的我，毫不猶豫進了重考班。重考班地獄般的生活，我到現在仍然不願回想──七點半抵達教室、自修、上課、自修、上課……十一個月無止境的輪迴裡，蓋上棉被、閉上雙眼的那一刻，是記憶中僅有的幸福時光。或許努力真的無法和成功畫上等號吧，兩次考試都差那麼一點，學測少一級分、指考更是命中註定般少了〇．二分，與中山牙醫系擦肩而過。兩年煎熬、四次挫敗把我的鬥志磨到剩下絕望，我放棄了，改奔向大學的懷抱，就讀了登記分發錄取的台大獸醫系。台大是我夢寐以求的大學，大一的生活也如想像中一樣華麗、光彩，但這些不過是止住痛楚的麻醉劑，藥效退去後，我終得面對最現實、最殘酷的問題──這裡是我該待的地方嗎？這是我真正想走的路嗎？

為了放不下的執著，再度孤寂

大一上學期除了各種繽紛的派對、舞會，我也花了許多心思試著了解獸醫系。經歷了幾次見習、年會，我很篤定這裡終究不是我的歸屬：薪水其實並不優渥、我無法忍受動物的體味，更關鍵的是，我並不像同學們一樣對動物抱持著熱情。兩年孤獨的苦讀時日，支撐著我疲憊身心的，是對夢想的堅定。七百三十個日子裡，每一分、每一秒，腦子裡想的全是——上榜後自己和父母終於揚眉吐氣、台大如夢一般的絢爛時光、成為牙醫師後令人稱羨的美好生活。這些憧憬日日夜夜縈繞，久了甚至變成一種揮之不去的執念，不去實現，人生拼圖好像就永遠缺了一塊。

其實在入學之前，我便已事先蒐集了關於轉系考試的資訊，大一上學期也小心地把在校成績維持在轉系門檻之上。經過一學期的探索、思考和沉澱，我決定再給自己最後一次機會。下學期開學的第一天，我背著好幾本厚重的原文書，在圖書館找了個習慣的位置，再次踏上了未竟的夢想旅程。最後這段路，比想像中還要寂寞。每天早上八點踩著腳踏車出門、晚上十一點伴著星辰月亮回宿舍；和系上同學也漸漸疏離，卻不敢開口透露自己正在為了什麼偷偷努力；別人的生日，是熱鬧歡騰的蛋糕派對，而我的生日，只有臉書上幾句冰冷的生日快樂。這是一段沒有朋友一起歡樂笑鬧、沒有同伴相互打氣鼓勵的讀書日子。圖書館外，是那青春洋溢的花朝月夕，而我卻在暗無天日的自習室裡獨自哭泣。

有夢就追，不讓明天的自己後悔

轉系考放榜了，我錄取了只有一個名額的牙醫系。三年來所有回憶湧入腦海，淚水在眼眶打轉。五次考試，從高三時的自信滿滿，到重考時的咬牙苦撐，到幾乎不敢抱持希望的轉系考，一路顛顛簸簸，竟也走到了終點。

這已經是我待在牙醫系的第三年了。一直以來嚮往成為牙醫師，到了牙醫系，對於各種醫學知識也同樣抱持著熱忱和興趣。系上課程的實驗課，有許多實作作業（例如補牙齒、做假牙……），我也總是能夠投入其中，享受專注的當下。而畢業後的工作環境、生活形態（例如工作以外還有時間追求其他目標），也是我理想中未來的樣貌。總之，我喜歡現在的生活、盼望美好的將來，而這都歸功於勇敢、堅定的自己。

在準備轉系考這段最晦暗的日子裡，我時常想起台大新生書院營歌的一句歌詞：「有夢就去追，不讓明天的自己後悔。」夢想就像是指引方向的一點光亮，讓我在漆黑之中沒有迷失、不會害怕。我並不特別，太多人走過的路比我加倍坎坷，畢竟求學之路從來就不順遂。不管你是懵懂青春的小高一、熱中社團的高二生、埋首書堆的高三考生，或是剛歷經大考的畢業生，如果你有夢想、如果你知道自己真正想要的是什麼，那麼請不要怕，勇敢地為夢想拚搏一次吧！

註：故事之外，對想考醫科／牙醫的同學們一些比較具體的建議：一、給高一生、高二生：牙醫畢竟是道窄門，高中除了認真生活，別忘了更重要的課業哦！二、給高三生、應屆畢業生和仍在徘徊的重考生：對你們來說，此刻的選擇可以決定你們的一輩子，如果你真的想成為一位醫生，這一兩年的辛苦是絕對值得的！

如果我們把線鬆開，就能畫出更大的圓

財金系
林洛安
北一女中畢業

很多時候，我們會去想自己是個什麼樣的人，會怎麼樣的過完人生的短短旅程。除了上面那串詞，對我來說更重要的是：我是個努力的人，是個努力把生活中的圓畫得更大的人，之後也希望如果可以，能一直這麼畫下去，愈畫愈大。

可以換別的方式努力嗎？

從小到大，許多人不停地跟我們說，什麼樣的職業最順利，人生嘛，要努力唷，努力的人一定會被眷顧的。對他們來說的努力，大概就是念好書、上好大學、找好工作。但努力的方式有幾百萬種，好好念書是一種，好好打電動是一種，好好思考沒有人在乎的問題也是一種。而對我來說，好好去嘗試自己能力的邊界，是最喜歡的一種。

一路上求學都算順利，從北一女到台大，從樂隊、科學研習社，到服務隊、國際論壇。即使他們說這些地方好，心裡深處總覺得，好格格不入啊；就像一片丟進夢幻湖泊的吐司，發著七彩的光芒，但沒多久就軟爛剝離。而這一切的臨界點就在大一下。修了所謂的大學學分（戀愛、社團、實習）卻徬徨了起來，看著學長姊一個個如復刻模型，用這樣筆直的腰桿走進社會，不由得質疑身邊所建構的一切。我都這麼努力了，就只能成為下一個他們嗎？我在這裡總有什麼意義吧？平行世界的我會過得比較精彩嗎？我還能做什麼吧？想著反正七十歲死跟七十一歲死根本沒有差別，最後，我決定休學。

休學出走，任性卻值得

休學並不是什麼光鮮亮麗的事情，尤其是身邊的人都以為我要搞什麼了不起的創業。打了三份工，帶了三萬多塊，買了一張去布拉格的單程機票就離開。十八歲的夏天，從捷克的友善之家、斯洛伐克城堡修復開始，一個人背起背包在城市與城市間流轉，沒有目的地的流浪。除了經濟上的拮据（因對我來說，跟家裡要錢就輸了，說什麼都不能用這樣的姿態回去），精神上的壓力更是我離開台灣之前沒有想過的。在內心的城堡還未建立完整之前，暴露在金錢、性、藥、暴力之下，試著在有限的資源中吃飽睡好，跟各路背景的人打交道，在安全與有趣當中取得平衡，很容易一不小心便會玩火自焚。在阿爾巴尼亞 couchsurfing 睡覺到一半，主人爬上床從背後抱我、在柏林路上走路被喝醉的男人們扔酒瓶尾隨、在米蘭被剛認識的朋友囚禁、差點因為護照被海關丟在鳥不生蛋的科索沃邊界、好不容易走進心底的朋友在一次大吵下賞巴掌、講盡了難聽傷人的話、搞錯日期丟掉回家的機票，只能在被撿去的瑞士學生宿舍哭等。當時的我，每天絕大部分的精力都在處理生活中鋪天蓋地的蜘蛛網，把它們一一撕下拍打乾淨，再繼續踽踽前行。

每當一個人餓著肚子在街上翻食物、晚上躲在照相亭睡覺的時候，就覺得何必呢，明明在台灣也可以當個快樂的小公主；但轉念又好慶幸自己踏出這一小步，也感念這個世界即便殘酷，還是讓我遇到了數不盡暖烘烘的人對我伸出滿滿愛的手。自己何德何能，在消耗了那麼多資源、心裡頭有好多小小邪惡想法萌生的同時，竟然被人打從心底衝著微笑，甚至帶我走進他們的生活、工作、家庭，離開時給我一個好大好緊的擁抱。即使知道有生之年難再見，但想到一起看過的星空、一起在湖邊露營生火、一起在大學的教室聽課、一起躲警察、一起唱歌看書跳舞、一起在停電的夜晚點盞蠟燭聊天，就有股暖流汩汩注入，讓已經麻痺的五官、失去愛人及被愛能力的心再次正常運作。是啊，我們都是宇宙間小小的塵埃，但幸運的是，我們從來都不孤單，也從來沒有失去讓自己變得更好的權利，而這個世界總會給我們些什麼讓我們繼續走下去。

重拾學生身分仍然精彩

因為目睹了更多生活的角度，看到了存在各處的問題，我認知到自己對於成為解答的一部分以及擁有世俗選擇權的渴望，決定重新回到學校。本以為這段日子會成為所謂「elite（傑出人物）履歷」的黑點，但那時候向世界學習到的，就這麼幸運地帶我敲響一個又一個機會，牽起我跟更多靈魂的線。進了台大哈佛學生會、在馬尼拉東協青年高峰論壇獲得最佳代表、也在Adecco（藝珂集團的）CEO for one month比賽中當了台灣代表、在近十二萬參賽者中贏得巴黎總決賽的門票、乃至於現在管理顧問的實習機會。很多人問我，人生的轉捩點是否是那次任性的出走；我想，這些一個又一個時期的經歷從來都不是一個點，而是浩浩長線上的某一串。不管是從高中開始探索自己的興趣、在半休學的狀態下接觸了體制外的民主運動、和大量不認識的人相處辦活動，還是在不斷暗戀失戀中學習面對自己的脆弱、思考對愛的定義及追求；這些都讓我長成更完整的人格，養成對人更柔軟的心，並幸運地能夠以自己的姿態在社會舞台上伸展。

畫出多大的圓自己決定

在旅行的時候，還真沒有遇過比我年紀還小的單身旅行者，但每個我遇到的「大人」，無不羨慕我能在那樣的年紀擁有那樣的幸運，因為對他們當時的年紀來說，旅行的機會成本極為巨大。這樣的哲學，並不只在旅行中，人和人之間的相處其實也是如此，不用非要等你變成什麼才成立。等，是等不完的。你是誰流露出來的氣質、能夠進行的深度對話以及對非我人事物是怎樣的態度，才是決定別人怎麼看你、給你機會（不管是世俗眼光中成功的門票，還是邀請你去他家晚餐的溫情）的最大變因。不用怕自己不會五種語言、不太會考試、沒有那麼招人喜歡、總是一直在單戀、總是學不會好好跟著大人給的提示走；因為那不是身心平衡的狀態，失衡比什麼都危險 。沒有自己沒有魅力，自然心想不事成。但現在都沒有關係啊，你要意識到什麼會讓自己失去能量，也要極力尋找那個「啊！這樣實在是太幸福了啊！」的瞬間。然後你就會開始長大，比原本那個你再自然舒服的、往好一點的地方去。

最後想說的是，只有你可以傷害自己，也只有你能對自己溫柔、保護自己、讓自己成為一個不那麼無聊的人；別人沒有權利評斷你、讓你心碎，或負責你的自由及快樂。趁現在還有餘裕，想一下你需要的生活品質是怎麼樣，而你又願意為此付出多少痛苦，對於什麼樣的價值會忍不住點頭認同，對於以後造成的影響力有什麼樣的期待。大學和世界上很多東西都有可能讓你失望，但你和社會上很多人，都極有可能讓我們生活得不一樣。不能肯定我真選擇了最適合我的道路，但我無憾。若說我有什麼值得誇口的，那就是探尋自己的邊界，我有信心比誰都努力。願我們每天都可以跟自己說：「嘿，你又活過一天了！So proud that you are on your way to a more fruitful life!」敬豐沛的你們所屬於的青春！

留給大學新鮮人的一張小抄

財金系
胡程維

師大附中畢業

胡程維，師大附中一三三五班，康輔社、畢聯會、社聯會、籃球隊。現在就讀台大財金輔資工。擁有無可救藥的樂觀與好奇心，希望在離開這浩瀚宇宙前可以留下自己的一點痕跡。

一晃眼，收到那封恭喜入學的信已經是將近四年前。回想起來，如果要給當初高中剛畢業的我一個完美的大學計畫表是不切實際的，因為重來一次，每件事不會一樣幸運地串在一起。但如果有機會，我會想給現在剛要升上大學的你一張小紙條作為小抄，紙條上畫著八張車票、一副眼罩、一顆籃球，以及一個數字一四六一。

關於「八張車票」

時間回到大一上學期，高中時當了社聯會和畢聯會主席，打了三年籃球隊，以世俗眼光來說可以算是「高中勝利組」的我，在大學的第一個學期卻充滿了迷惘。因為在高中時我只要專心三件事：把球打好、把活動辦好、把書讀好，但在大學眼前可以做的事突然間變得無限多，我卻不知道自己到底要什麼，高中時只要專注在幾件事上的成功方程式在大學完全不管用。

渾渾噩噩地度過了一學期，我不知道該從大學得到什麼，只知道我必須要嘗試去尋找答案。某天，我偶然看到了「為台灣而教」創辦人劉安婷的演講，看到她在偏鄉教育的付出。我想，也許我可以嘗試先從「偏鄉教育」尋找答案。於是在上大學後的第一個寒假，我搭上了飛機前往印度——一個我只知道路上會有牛、咖哩很辣、泰姬瑪哈陵很漂亮的國度，做教育志工，一待就是四十二天。

在印度，我待的地方是一個很特別的教育機構，專門為無法負擔學校學費的小孩提供基礎教育。我每天要走快一個小時去教小朋友們英文，教育機構裡沒有水，甚至也沒有電，所以只能絞盡腦汁用各種遊戲、比手畫腳跟塗鴉慢慢去教他們最簡單的英文。

第一次從學生轉換成老師，我從孩子們身上學習到的遠比自己預期的多。即使物資匱乏，機構裡這群可愛的生物們卻總是快樂地跟我分享著一包包小零食。每個孩子都是那麼天真，但他們卻需要付出比我們多無數倍的努力，才能拿到那張能夠翻轉自己生活的門票。

在教育機構的最後一天，平常最頑皮的那個孩子哭了，也許是意識到沒有大哥哥可以再陪他玩飛高高的遊戲。離開他們時我才深深感覺到，我們，特別是幸運能受到高等教育的我們，都應該要為除了自己以外的更大群體努力，為那些在起跑點上落後我們很多的孩子多付出一點。

從印度回來後，我依稀在嘗試尋找答案的過程中看到了一點方向。雖然仍沒有明確答案，但在過程中，我認知到能受良好教育是件幸運的事，而我也有責任要再更努力成為一個有用的人，更努力成為一個有能力為那些孩子多付出的人。

回想在印度的日子，就像是搭上一輛特快車駛離熟悉的舒適圈，強迫自己來到一個完全陌生的環境，在一段不用上課的日子裡去嘗試尋找一些答案。但很明顯地，這輛特快車並不是說開就開，而是大學後每過一個長假，你能夠搭上特快車的車票就少了一張，能夠沒有後顧之憂地去尋找答案的機會就少了一次。

對於剛要升上大學的你，恭喜，你即將領到這八張特快車的車票，大學四年的八個寒暑假很可能是人生最後、也最自由可以讓你展開一場大冒險的機會了。只要你願意推自己一把，在迷惘時強迫自己去嘗試找尋答案，這八張車票，可以讓你駛往你從未探索過的地方、從未做過的事、從來沒有經歷過的環境。

關於「一副眼罩」

大一下學期，從印度回來後的我遇到了新的問題：我過得太舒服了。學校的課業與活動彷彿高中翻版，不需要很努力就可以應付得不錯。這樣的感覺好像原地踏步，讓我想換到一個不舒服的環境去追求更快的成長。不想侷限在學校的環境，我給自己的目標是「要想辦法在暑假去一家自己喜歡的公司實習看看」。

為了一個單純的想法，我先後嘗試了好幾十家公司，全部慘烈碰壁。直到最後一家落空，我才意識到：原來我只是個大一生，什麼經驗都沒有的一張白紙，好像沒有理由能夠贏過那些大三、大四，甚至研究所的學生。這就像我在打擊區被投手三振，但我實力不足到甚至連球棒都沒帶。

七月中，暑假開始了，徵實習生的公司愈來愈少。在快放棄的時候，突然看到曾對他們行銷的專案印象深刻，想要等到大三去挑戰看看的群眾集資顧問公司「貝殼放大」竟然在徵行銷實習生。雖然網站上寫著限大三以上的門檻，但我也不知道哪裡來的勇氣，就硬著頭皮丟了履歷，閉上眼睛假裝沒看到門檻就按了送出鍵。

公布面試名單那天，等了好久好久，結果再次希望落空，最後私訊了粉專，想要確認是不是沒有面試機會了。粉專過了許久之後回覆，「你好，就在剛剛有加開了幾個面試的名額，有幫你確認你應該是其中一位！」

就這樣奇蹟似的起死回生。我知道這是最後的機會了，所以也不敢去想跟我一起面試的人會有多厲害，就開始拚了命做功課練習面試。面試前一週，每天起床就開始研究各種集資平台、蒐集與分析各式各樣的案例，像準備指考般寫了十幾頁滿滿的筆記。最後經過兩次面試，經歷更多緊張的等待，竟然讓我幸運擠進了錄取的窄門。還記得最後收到錄取通知的時候，除了因為達成階段性目標鬆了一口氣外，也像收到了一張挑戰的入場券一樣，開心地在房間裡大吼兩聲，既興奮又期待在貝殼實習的旅程。

進了公司後，我從零開始學習行銷的各個面向，從策略擬定、文案撰寫一直到廣告投放，也見識到了業界的人是如何做專案管理，還有一家新創公司是如何運作的。最重要的是，貝殼放大讓我能暫時藉由這些比自己有經驗十倍以上的人，用他們的視野看世界，有更多資訊可以幫助我了解之後該往什麼方向努力。而在實習結束後的一年，我甚至還靠著在實習時學到的技術，成功完成一項群眾集資案。

在貝殼放大的實習，能夠靠著加開的名額擠進面試的確非常幸運，但回頭看，如果當初看到實習門檻高又限大三以上就放棄，後續能夠擠進加開名額的可能性就是零。面對再渺茫再不可能的機會，閉著眼睛深呼吸，就像戴上一副眼罩無視所有告訴你不可能的訊號，只要願意嘗試都還是有可能的。如果像我當初一樣幸運，拿下眼罩後，無視不可能的勇氣也許就能帶你看到完全不一樣的世界。

關於「一顆籃球」

時間來到我即將要畢業的此刻，回想在上大學前有什麼根深柢固的想法在這四年完全改變的，我想最大的改變就是關於「自律的重要性」。

我從小學四年級開始加入運動校隊，到高中畢業連續練了九年，這些運動訓練教我的就是「努力可以帶來改變」。努力練習運球會降低失誤次數、努力練習投籃會提高投籃命中率，而我相信「是自律讓我有意志力可以努力練習」。但上了大學後，我卻發現「我的自律是會挑食的」。對於我喜歡做的事，我可以很自律的持續投入，甚至努力到幾乎忽略了疲勞。但對於我不喜歡的事，我的自律卻派不上用場，取而代之的是逃避與拖延，甚至讓我懷疑自己是不是天生就缺乏毅力。

在大學接觸到各式各樣的人後我才發現，那些自己最欽佩、最欣賞的人，他們接近瘋狂的努力都不是因為他們「很自律」，而是因為他們非常非常非常喜歡自己在做的事。他們努力的原因不是來自「我天生很有毅力」，而是來自「你不覺得這件事超棒超有趣的嗎」。他們在做這些事情的時候，如果做得不好，他們「失敗的挫折感比別人低」，而如果做得很好，他們「成功的成就感又比別人高」。他們不僅是熱愛所做的事，甚至是對這些事上癮。

回頭檢視我原本的想法，我發現一直以來並不是「自律讓我努力練習」，而是因為我很喜歡打籃球，每次投籃進球就會有自己「強得不可思議」的嚴重錯覺，沒進又會催眠自己「再多練幾球就進了」。就是這樣的喜歡，讓我「不需要自律，就能單純沉迷在努力練習的過程中」。

來到大學的課堂中，我發現我沒有在本系的課程中找到這種沉迷。我喜歡在生活中用財金的概念幫助我做判斷，如「有限理性」、「邊際效益」等，但我對傳統財金系畢業後的工作毫無熱忱。因此我知道我需要尋找，尋找像那顆籃球一樣讓我沉迷的事物。

尋找能讓自己沉迷的事物是個充滿挑戰的過程，這代表有時候需要放棄之前努力累積出來的優勢，去嘗試一個可能會讓人充滿挫折的陌生領域。就像高中剛畢業的我，辦了三年的活動卻要從零開始學習行銷，跟那些比我厲害的人一起工作。又如同在之後的日子，花了不少時間在財金課業上卻決定要轉換跑道，最後發現自己沉迷的是能做出讓很多人使用的服務，因此開始自學程式，然後回到學校修了更多資工系的課，並在之後努力到軟體公司實習。

我們在升學路上總不免聽到人們抱怨，教育制度讓我們沒有時間尋找自己的興趣。尋找自己的熱忱是累人的，但如果我們在上大學前沒有時間尋找，就更要把握大學這四年的時間，去找那一顆屬於你的籃球，讓自己可以用接下來更長的時間去沉迷。

關於數字「一四六一」

四年，總共約一四六一個日子，是步出校門的距離。在剛上大學的那一刻，就知道未來的每一步該怎麼走是相當困難的。如果有人跟當初的我一樣迷惘於未來，在老了四年的現在，我能給的最好建議是：「在接下來一四六一個日子裡，要努力尋找，找到那個讓你能單純沉迷而努力的事。如果遇到限制，要有勇氣戴上眼罩無視所有告訴你不可能的訊號。如果遇到迷惘，記得你有八張特快車的車票可以嘗試去尋找答案。希望在車票用完的那天，你已經在你嚮往的地方了」。

輕輕告訴我，花開是什麼顏色

園藝系
陳明陽
台中一中畢業

「爸爸說，我出生前幾個月，吊在家裡窗台的那盆螃蟹蘭，開出一朵又大又鮮紅的花，也就只開了這麼一朵而已，前無古人，後無來者，後來我總想：長大以後，我對種植花花草草特別有興趣，或許跟這朵螃蟹蘭有關……。」

我是陳明陽，目前就讀台大園藝暨景觀學系四年級，上述段落是我申請大學寫的備審自傳開頭，十分青澀是吧！我是個喜歡思考的人，認為正確且該做的事我才會去做，那時的我，幾經思考後，選擇了有興趣的科系就讀，現在的我，最初的熱忱減少許多，還在想著下一步該怎麼走。

規律平淡的中學生活

我從小學到高中都讀家裡附近的學校，活動不出離家方圓兩公里的區域，當朋友問我台中哪裡好玩，有什麼好吃？我大都是微笑以答，回首整個高中時期，如果說我缺了什麼，那就是沒有多出去走走吧！

學科方面，因為讀的是數理資優班，物理、化學和生物等科目，進度都比普通班超前一年，難度也較深，所以考試常常被題目「電」得很慘，但自然科到大一普化、普物還是滿實用的，例如普化只是高中選修的部分變成英文版、程度再稍難一些而已。除了自然科之外，我認為英文是最基本的科目，因為多學會一種語言，就是多一雙眼睛，可以看見更多事情，高中的我擔任班上的英文小老師，課本上的單字或是補充單字，我都會記得滾瓜爛熟，也常常聽英文歌，或是看英文短片等，到後來就發現自己慢慢能聽懂日常對話和英語新聞了。另外一點是，高中剛考完大考的時期，大概是人生中英文程度最好的時候，所以就趕快去把英文檢定考起來吧！不但申請學校的時候很好用，還可以抵免大學的英文課程，可說是一舉數得，所以我非常推薦在高中的時候把英文學好，順便去考英檢。

我參加了兩個社團：合唱團和說藝社，參加合唱團是因為喜歡唱歌紓壓，也學到很多歌唱技巧，說藝社則是辯論、演說、朗讀、相聲四合一的社團，當初會想加入是對相聲有興趣，後來也因緣際會接觸了一些演說和辯論，常和學長姊在課後練習，雖說只是沾上一些邊，但是這些社團的練習對表達能力還滿有助益的，上大學的面試回答比較不會緊張，或是上課口頭報告也會講得比較有條理，算是我參加說藝社意想不到的收穫。

農學種子的萌芽

雖說自己在台中的生活圈真的很小，週末的時候我卻有與眾不同的農村體驗，阿嬤家在南投鄉下，院子有一畦菜園可以任我揮灑。每個禮拜都把手弄得髒髒的，總覺得看青綠菜苗長大的過程，很是療癒和驚奇，採收的成就感不是任何事情可以比擬的，或許是這樣的啟蒙，讓我對耕種有種憧憬。

觀察身旁大部分同學的志願若不是醫學牙醫，就是電、資、工程相關，只是那時的我覺得，要是我念這些科系大概會撐不下去吧！雖然讀的是數資班，卻對數學和物理都沒有什麼興趣，但是對生物或是化學就較不會排斥，思考過後覺得自己還是讀農學院好了，再加上因為喜歡花花草草，園藝系就成了第一志願。

幸運的是，父母對於我想讀農學院的想法也沒有特別阻止，可能是因為他們兩個也都是讀畜牧出身的，他們說，雖然現在的工作都與所學無關，但是大學或是研究所所受的訓練，還是對思考和處事能力有幫助，他們覺得，若我可以做自己有興趣的事，或許也可以對台灣農業產生貢獻，闖出一番天地。

我很感謝父母尊重我的決定，儘管現在不一定會繼續往園藝走下去，但至少我學到整套有系統的園藝科學知識，也學到了沒有人可以為你做決定，只有你可以為自己的決定負責。

大學不是想像中的那樣

原本期待自己在讀大學之後，可以更了解農業現況或者找到某個領域的興趣，卻沒想到在經過四年之後，對未來的憧憬不如一開始的多，在徬徨與擔憂之後，卻多了一點人生的踏實感與現實感。

原本以為農業科系會有很多實作課程，可以讓我們知道作物的生產流程，或是讓我們思考如何解決台灣農業遇到的問題。後來才發現，學校的課程安排是以理論課及基礎課程為主，而這種提供學生思考未來的機會，以我的經驗來說並不多，但還是有部分老師可以在課堂中做到。我意想不到的是理論課會這麼多！雖然我是讀園藝系的作物科學組，但我還是要學很多普通化學、有機化學、分子生物學等，這些課程佔了大部分的時間和精力，可以到農田實作的課程，反而十分難得。學了這麼多科目，儘管我知道每個科目都和園藝有關，卻很難把所有的科目串聯起來，而且我以後也未必用得到，我認為這是大學的教育急需解決的問題，必修科目常常是老師覺得學生應該修，所以就變成必修。

我常常會思考，大學的意義是什麼？教學比較重要還是研究比較重要？我想以一個大學部學生來說，教學一定遠比研究來得重要，培育出社會有用的人才，不就是大學存在的意義嗎？然而教授說，台大是研究型大學，我們會以研究為主，課程也會為了研究而設立，因此那些實作型、應用型的課程不是我們的目標。但我會想，如果我們連實作都不懂，那我們又要如何做出有意義的研究？

不拘泥於課堂，大學生活靠自己主宰

這些對於大學教育的思考及擔憂，及對學生自治的憧憬，促使我大三下的時候加入台大學生會的學術部高教小組，待在學生會期間，我認識很多不同科系背景的同學，我們的共通點是，我們對於社會有較多關懷，而我很喜歡這樣的氛圍。

以往對於大學課程安排的思考，在這裡獲得了部分的解答，大學裡的老師，其實受到很多桎梏，使得他們無法專心於教學研究，自從台大開始衝高國際排名之後，期刊論文的發表成為教授很重要的目標，因為論文發表數會影響到教授的升等及職位，若論文發表數不足可能面臨解聘的困境，自然會輕忽教學。然而弔詭的是，期刊論文刊登的多寡，最多只跟學校的研究能量相關，無法代表整個大學到底好或是不好，所以我現在看到的狀況是，教學品質還有很大的進步空間。這些是我在高教小組所獲得的省思，另外還想對當時的自己說，或許不該把大學的課程看得太重，還有很多可以追求的事情。

最後想說的是，不管是修課或是玩社團，真的都要花很多時間與心力，好處是你也會認識很多朋友，收穫在此要滿滿。鼓勵學弟學妹們，或許人的一生都在尋找一個歸屬，尋找自己的興趣，儘管結果可能不符合預期，但是親身體驗後才會知道自己適不適合，也會更認識自己，所以大學時光一定要好好過！

上大學的墊腳石

經濟系
鍾佳新

北一女中畢業

我是鍾佳新，就讀台大經濟系四年級，目前用大學最後一個學期在新加坡南洋理工大學交換。我從小在台北市長大，被歸類成讀書的料，一路以來給自己的目標也一直專注在讀好書、考上好學校，從國中考北一女中，再從高中考上台大。這條路聽起來平凡無奇，中間仍曾經有許多迷茫抉擇，也許是讀者們即將就要面對的。我們的路勢必會不一樣，屬於我的最正確決定也未必是你們的最佳解答，期待你們看完我的故事，能用不同的眼光幫自己鋪出更適合的路。

探索真正有興趣的領域

高三生被賦予最重要的任務通常是把學測考好，若是學測考砸，就得靠指考再拚回來。似乎從來沒有師長或家長會在高中生升上高三後，告訴他們：把未來想讀的科系想清楚了，再開始拚學測。從現實面考量，升學考試成績的確是最後決定大學科系的籌碼，而且許多學生即使花費再多寶貴時間，也說不清楚自己的志向或真正感興趣的科系，在退而求其次之下，只好先將眼前目標定為：把學測考好。

的確，許多高中生無法在選填志願的階段就清楚知道自己到底喜歡什麼，事實上，在我所遇到過的人裡頭，只有極少數人是根據自己明確的興趣選擇大學科系的，多半是隨自己的考試分數遊走或是聽從家長的建議而被動選擇。但是，別忘了，人的興趣是會改變的，我們在高中時期，正是因為閱歷太少，許多我們真正有興趣的領域根本素未謀面，使得我們在做決定的當下，即使是自認為有興趣的領域也略嫌不足。很不幸的，你非得現在就做出決定不可。如果你也正處在這個令人茫然的階段，你需要曉得你絕對不是少數。

當時的我考了一個不上不下的成績——七十一級分，可以上台大經濟、政大企管、清大計財，或者考指考。我理想的科系雖然是台大財金系，但卻因為對經濟、財金兩個科系了解不足，也沒有堅定立場非讀財金系不可，同時又有許多過來人建議讀經濟系，以培養廣泛理論基礎，再加上拚完學測已經有大學向你招手，更沒有毅力背水一戰拚指考。於是我選擇了the second best choice，放棄指考，進入台大經濟系。

這個決定至今我仍無法斷定是否正確，畢竟沒有人知道，如果當初選擇指考是否就真能如願考上台大財金？或其實根本無緣現在的台大經濟。但如果能再來一次，我希望我能改變的是：花更多時間深入了解兩個科系。當時我只簡單比較了兩個系，認為兩個系必修相似，不同的修課規定也可以由選修調整，因此認為經濟系如同一個理論接觸較多的財金系，於是不疑有他地接受了經濟系，但兩系之間更深入的差異我卻未了解，我相信當時如果有機會與兩系的學長姊請教，更能做出堅定的決定。

提早研究相關領域的產業概況

除了深入了解科系之外，探究自己有興趣的領域或產業也是必做的功課。倘若我當時能像現在一樣確定自己喜歡金融業，也許能堅定地放棄考上的科系，繼續心無旁鶩地拚指考。因此我給高三生的建議是：針對你目前有興趣的方向，投資一些時間去深入研究，透徹了解到能清楚說服自己的決定，那麼即使未來你的興趣改變了，你也不會後悔當初沒有盡全力做最好的決策。這對於在多個科系間搖擺不定、不確定是否要拚指考、容易被分數牽著走的人尤其重要。

大學科系可以藉由轉系、轉學、雙主修、輔系來改變大學栽培自己的重點，所以如果不幸選擇錯誤，仍有修正的路可以走，不需太過自責，但同時也請你切記，這些補救措施絕對都是要付出比考指考更多的代價來執行，像是一邊準備轉學考一邊顧及也許毫不相關的大一必修，同時又沒有戰友或應考資源。況且轉系、轉學失敗的案例屢見不鮮，到頭來又走回重考指考的老路，因此不可有先隨便填選志願、未來再轉學的心態，今天不學飛，明天也難成超人。

別浪費難能可貴的黃金長假

高中畢業銜接大學的這段暑假，不是最容易浪費掉，就是最適合投資自己的長假。尤其對於不用考指考的學生，放榜後無非是等畢業、再花超過三個月等大學開學，即使是考指考的同學也有約莫兩個月的空檔。這段時間會突然沒有目標，沒有升學壓力，更沒有課綱告訴你該怎麼規畫時間，許多人以考完大考犒賞自己為由，無所事事混過了這段黃金時期。這段時間不僅最長，也最有彈性，更是進入大學前招兵買馬的最佳時期，過去埋頭在升學考試中而犧牲的體驗與學習，在此時最可以肆無忌憚的規畫，包括赴海外當志工、打工度假等需要長時間假期的體驗，若等到進入大學才著手規畫，你會發現實習壓力、暑修、營隊等等高中畢業時不需面對的考量會開始湧出，切割假期，排擠理想規畫的可行性。

當時的我，很興奮地開始找打工的機會，同時在補習班先學微積分，希望能提前裝備自己，也幫自己賺點零用錢。而後在補習班打工，第一次學習在學校外應對處事，如同初生之犢進入虎穴，不懂得談判為自己爭取權益，傻傻的成為被剝削的廉價勞工，雖然後悔莫及，但也慶幸當時遇上這個極差的打工經驗，讓我清楚知道沒有經驗的學生，把學習能力最強的時間投注在對未來沒有幫助的打工上有多麼不明智，其他學習的價值絕對能輕易高過基本工資。這也成為我日後大學時期選擇打工與暑期實習的判斷基礎：學生時期的工作薪資通常會低估你的能力，要評估那樣的工作內容是否值得讓你付出勞力、排擠其他學習機會？我在大學期間所接的每份工作都經過此項衡量，無論是兼職英語教師練習台風，或當會計助理熟悉實務會計程序等工作經驗，往往都是我所規畫學習的一部分。

希望讀者們能用成熟的眼光看待你們的這段黃金時期，盡可能規畫與以前生活形態不同的體驗或學習，不要低估這段完整的長假能發揮的最大價值，我們永遠無法預期不同的體驗將會如何在未來泛起蝴蝶效應。

行則將至，關鍵在「推」

經濟系
顏瑜萱
中山女中畢業

René Descartes: "You just keep pushing. You just keep pushing. I made every mistake that could be made. But I just kept pushing."

我是顏瑜萱，經濟學系四年級。我出生於台灣，因家人的工作曾在海外居住。高中時在台灣就讀中山女高兩年，是第八屆人社班的成員；高二結束後回到曾居住過的約旦，在美國學校完成高中學業。

長時間居住在中東對我的人格形塑有非常大的影響。就讀美國學校接觸到各國的文化、親眼目睹中東的戰亂與人道災難等，使我成為了一個求知欲極強的個體，同時也嚮往著能加入改變世界的行列。懷抱這樣過於遠大的夢想，在現在這個時點回頭去看，確實是不切實際。但因為心裡一直有這樣的想法，才促成我對人文社會科學的興趣，也使我最終選擇了經濟學系就讀。

高三自美國學校畢業回到台灣的那一年半，是我現在回想起都還會心驚的時期。那是我遇到重重困境的開始，直到現在都仍在努力克服。不過當時我幸運地遇到願意協助我的良師益友，要不是有他們一路引導，讓我決定繼續努力前行，不要放棄，現在的我不知道會在哪裡、在做什麼，也不知道是否能過得開心。

現在的我，目標是成為一位經濟學家。雖然我不是一直以來都知道自己想做什麼，即便到現在，我都還是時不時會懷疑自己是否做了對的選擇、是否有能力達到自己的目標、是否真的靠努力就可以彌補所謂「天分的不足」。但每每我因為撞牆而開始懷疑自己時，就會想起這一路上協助我的良師益友們曾說過的話以及他們的經驗。

對我來說，我認為前往目標的道路上最不可或缺的，是熱情，是對自己誠實，以及尋找一群能支持自己的良師益友。

數度陷在自我懷疑的迷霧中

「當然，每個人在某個時間點都會發現『這就是我的極限』。你可能會覺得自己沒

辦法再往前了。可是我覺得，persistence也很重要。」──台大經濟系系主任

在台大經濟系念完大一後，我開始懷疑自己選擇念經濟系的決定。高中在海外念書時我總是名列前茅，大一的成績卻非常不理想。縱使經濟學討論的課題與我關心的社會議題息息相關，但令人不滿意的成績是否反映了我不適合念經濟系？若是如此，我是否該趁早轉系？

大二上我深陷在焦慮之中。我的內心有兩個聲音，一個告訴我：「你為什麼要放棄？你明明很喜歡自己現在學的東西。就算成績不好又怎麼樣？如果你轉到了一個能讓你成績變好，卻無法讓你在學習的過程中真的感到快樂的科系，那算是好的結果嗎？」另一個聲音則在鼓吹我趁早離開經濟系，「你現在轉系還來得及，再晚到大三轉系就慢了。發現不適合自己就該早點放手，別執著在自己做不到的事情上。」我已記不清那時為了這件事情晚上躲在房間裡偷偷哭了幾次，整個人陷入低潮。我甚至與系主任（同時也是我大一的經濟學原理老師）約了談話，因為我著實是徬徨無措到了極點。那時主任卻告訴我，人都會有遇到瓶頸的時候，愈是在這個時候，堅持才很重要。

對自己誠實，仔細傾聽心中所想

「不要讓這些考試與成績去影響你對於一件事的興趣；不要讓它變成阻礙你喜歡一件事情的原因。」——B97台大政治系學長

大二上的學期末，系上在主任的號召下，邀請了幾位正在美國攻讀經濟學博士的學長姊們回來與我們分享他們的心路歷程及申請經驗。這些學長姊在分享的過程中，都展現了自己對於經濟學領域的興趣。分享會結束後，我和一位學長坦承自己大一的成績十分不理想，我很擔心自己不適合念經濟系，我告訴他我沒有別人聰明，數學能力更是普普通通，目前正在考慮是否應該轉系。學長聽完後只輕輕地告訴我：「不要讓這些考試與成績去影響你對於一件事的興趣；不要讓它變成阻礙你喜歡一件事情的原因。」當時的我雖然無法真正理解這句話，但主任與學長都這麼勸我了，我便決定留下來，至少再選擇相信自己一次。那場談話後，我放寬心許多，不再耗費大把時間擔心自己的狀態，回過頭來專心學習、好好生活。大二下的我便將課堂上的教材學得頗為扎實，也對於幾個經濟學的領域有了很大的興趣。那年暑假以及其後的一個學期，我短暫地當了系上老師的小研究助理，並也修習了更專業的經濟學課程，從此下決心往經濟學研究發展。於

是，我申請了台大校級的交換計畫，並且受到學校賞識，順利拿到了下一年度前往威斯康辛大學麥迪遜分校交換的名額。

二〇一八年一月（大三的寒假），我參加哈佛台大學生交流會的活動，赴哈佛大學參與了為期一週的學生交流。因為不想放棄任何學習的機會，亦恰逢哈佛新學期開學之際，我決定在活動後一人留在麻省劍橋城，在哈佛大學經濟研究所聽課。回到台大後的大三下，我挑戰了經濟系研究所的課程，更加了解了從事研究的大概過程。三下的這半年，我督促自己多方接觸不同的經濟學領域，讀了許多研究論文，也參與了不少研究相關的演講。這大概是我大學最快樂的時間了。除了在修課與從事研究方面頗受老師肯定外，我第一次真正感覺到能夠放寬心去喜歡自己喜歡的東西，也慢慢開始相信，縱使我有許多不足，我對於這件事情的喜歡卻足夠讓我認真去彌補這些不足。我和自己約定好，不管未來遇到什麼難題，我都不要像大一的自己那樣輕言放棄。

當厭世情緒襲來，立刻尋求幫助

「別說沒有什麼天分。你有興趣就是最大的天分。」——威斯康辛大學麥迪遜分校數學系線性代數老師我常和身邊的人開玩笑說，人生就像景氣循環波動一樣，也像古老的《易經》說的「否極泰來」、「既濟未濟」，總是起起落落。果真在我前來麥城交換的第一個學期，我又遇到了很大的挫敗。主要是因為我挑戰修習博士班的課程，原本是想早點接觸這些教材，好提前知道自己未來如果往博士班攻讀，可能會遇到什麼難題、應該具備怎麼樣的能力。然而，我的統計基礎並非十分穩固，數學能力也沒有過人之處，挑戰博士班的課程讓我十分吃力，即便我從不缺課，努力完成所有作業，也將時間都留給課業，還是沒有達到預期的學習成果。心裡那個前陣子被暫時壓制住卻沒有消滅的聲音又大了起來；我又開始有焦慮的傾向，想著這接二連三的挫折是不是就是一種「我不適合」的指標。接連好幾個月，我幾乎食不下嚥、夜不能寐；一直有的胃食道逆流舊疾更是加劇，導致我身體狀況極差，體力不佳，身心狀況都極糟糕。我深深記得那一陣子的每個早上，我看著鏡子中臉色慘白的自己，想著的竟都是「你看吧，你果然不行，早就叫你放棄了」、「你就是又笨又沒有任何過人之處的廢人」、「看起來一副快昏倒的樣子，真的是什麼都做不好的弱雞」，各種各樣帶著滿滿厭世情緒、自我攻擊的想法。

對我來說，這種懷疑自己的過程著實是非常非常痛苦。我知道自己喜歡什麼、想追求什麼，但自我懷疑的聲音這麼劇烈，而我在身心俱疲的情況下，光是要說服自己別去聽那個聲音就已困難重重，更遑論有多餘的力氣說服自己相信「我有能力去追求喜歡的東西」、「辛苦過後一定會有成果」等等。在有過先前的經驗後，我深知如果在這個時間點我沒有處理好自己這些可怕的情緒，情況只會愈來愈糟，且會惡性循環，最後恐怕是要放棄了。於是我主動尋求了麥城的老師與前輩們的協助，與他們討論了我的讀書與學習方式、生活規畫等等，嘗試尋找造成學習狀況不佳的問題，也調整生活步調。我更進一步尋求了他們對於我未來規畫的建議。一位學長告訴我，要記得這些掙扎與成績都不是最重要的指標——「最重要的指標是有這樣辛苦經歷後，你還想不想走這條路。」他同時也叮嚀我，研究的路是長期抗戰，一定要照顧好身心靈，才能走得長遠。

擇你所愛，靜心前行

「路遙知馬力，有堅毅的熱忱才能走到最後。」——B99台大經濟系學長

直到今天，我仍然無法全然消滅心裡自我懷疑的聲音。但我努力學習如何與它共存、與它溝通，也清楚地知道自己喜歡什麼、想達成什麼。歸根究柢，我踏上經濟學研究道路的原因，就是想為自己在乎的事情盡一份心力。我知道透過研究與許多政策的分析，能夠更加了解世界上許多地區、國家正在發生的事情、未能被解決的問題，並且提供可能的解決方式，或者對於未來的預測。如果能為我們的社會做到這樣微小的貢獻，

那便是我所願的了。當然，和以前的壯志相比，這當然不比「改變世界」這樣的想法來得熱血、有理想，但現在想做的，無非就是成為讓世界更好的一個小齒輪，也算是與以前的夢想相符了吧。

所以，就算一時片刻到不了那裡，我也想繼續努力。以後的日子只會比現在更辛苦，但我會記得，只要我還相信自己、還能堅定地推著自己持續前行，腳步再慢也沒關係；只要我還對自己的目標懷抱著熱忱，再辛苦我也想走下去。

念大學，做音樂

經濟系
羅紹恩
師大附中畢業

我叫羅紹恩，台大經濟系四年級，高中念師大附中，個性比較實際一點。我覺得如果能把自己喜愛的事作為自己的工作，又賺得到錢，是世界上最幸福的事，但如果自己熱愛的事物沒辦法養活自己，那它終究只能是一個興趣而已。

如果可以回到高三，再讓我做一次選擇，我不會來念大學，我會選擇去美國Berklee或Musicians Institute學音樂。可惜四年前的我對於自己並沒有足夠的信心，去相信自己未來可以把彈吉他當作工作。

吉他，我全部的青春

我是從國二開始接觸吉他的，一開始受到我哥用吉他彈出的《天空之城》所吸引，我就叫他教我，彈著彈著就上癮了，接著就在吉他社跟幾個朋友一起練習。沒過多久就在YouKu（算是中國的YouTube，當時在上海念書）看到一個很厲害的韓國吉他神童彈FingerStyle，就覺得一定要跟他一樣，所以就開始自己上網找譜，在家天天練習。因為免試入學的制度（當時的一種升學方式，不需要考基測，直接用在校成績的百分比申請高中），讓我在國三的時候，不需要為準備基測而放棄彈吉他，當時除了吃飯、睡覺、打電動以外，彈吉他佔據了我生活的全部。

後來靠著免試進了以眾多好玩的社團聞名的師大附中，在國三畢業的那個暑假，和學長姊一起彈吉他時，意外發現自己真的彈得不錯，雖然這樣講有點自戀，但也是因為國中的朋友後來為了準備考試就沒有在練吉他，我哥也是，當時在上海就只能自己彈給自己聽，身邊都沒有同好，自然也不知道自己彈得是好是壞，才會一進到附中就發現彈得滿可以的。之後參加了吉他社、樂研社，社團中有非常多的表演機會，加上附中每年都會有一個校內的歌唱比賽（天韻獎），這個比賽規定伴奏必須使用原聲樂器，像是吉他、鋼琴，所以很多同學找我幫忙伴奏，讓我在高中就有了很多上台表演的經驗，這些表演機會無形地幫助了我現在的音樂工作，讓我沒那麼緊張，更能在舞台上表現。除此之外，每年的天韻獎結束後，評審也給我很大的鼓勵，讓我開始覺得自己以後好像有機會把彈吉他當成工作。

為了前途暫停音樂夢

所以高一高二的時候，心裡萌生以後想往音樂方面發展的念頭，但當時並不了解音樂工作，例如需要具備什麼樣的能力、需要哪些專業知識等等，那時候也沒有找老師學琴，所以不知道自己該往什麼方向學習，也不知道自己有沒有足夠的實力在音樂產業中生存。這種猶豫在升上高三時，讓我決定先好好念書，等上了大學再來好好地彈吉他，這樣的決定對於當時的我是相對保險的選擇，當然會有它該有的代價，就是我很有可能花了四年時間，念了一個跟我以後的工作（做音樂）毫無相關的科系，但這個保守的決定至少讓我的未來除了做音樂之外，有一條退路可以選擇，可以拿著大學學歷找個工作，當個上班族。從高二升高三的那個暑假開始，我放下了所有念書以外的事情，專心準備考試，就這樣度過了規律的一年。

音樂之路在大學漸漸展開

上了大學之後，我開始參加各種Fingerstyle演奏類吉他的比賽（赤弦獎、師韻獎各種大學舉辦的比賽），大一大二就拿了許多獎，當然也有被淘汰沒得名的時候，所以我透過比賽檢視自己的不足，甚至跟那些比賽認識的朋友學習、互相交流，現在回頭去看，這些比賽給我最大的幫助是舞台經驗，讓我學到在台上如何不緊張，並且表現得跟平常練習一樣。

在大二時，我開始思考到底該如何靠彈吉他賺錢，便發現到在台灣彈Fingerstyle好像只能靠教學維持自己的收入，因為演奏類的音樂市場相較流行音樂是小很多的，所以我便不再堅持彈奏Fingerstyle，轉而開始研究流行音樂，練習木吉他編曲、伴奏。很幸運地在大二升大三的暑假，透過音樂圈前輩（附中天韻獎的評審）的推薦，開始了第一個較正式的音樂工作，這個工作是幫一位新加坡的獨立歌手魏妙如在台灣巡迴演出中擔任吉他手，後來也被找去幫潘裕文的一些小演出伴奏。這幾次的工作經驗中，我學到了很多，像是與歌手練團前的準備和現場演出前的準備等等，但同時也發現，只會彈木吉他會限制住自己未來的發展，再加上一位從高中就一起玩音樂的學長跟經紀唱片公司簽約準備要出唱片，他跟我說他以後會需要一位電吉他手，所以在大三的時候，我找了老師學習電吉他，半年後就開始跟那位高中學長演出，學了十個月後，因為電吉他老師推薦，就開始跟告五人樂團一起演出，大四時也因為前輩的介紹，開始擔任瑞瑪．席丹的吉他手。

大學四年過去了，不諱言我是後悔選擇來念大學這個保守的決定，因為我在大學畢業前，就開始有不少音樂的工作機會，我覺得我浪費了四年念了一個跟我的工作（做音樂）毫無相關的科系，但好像也不能完全否定大學這四年，因為在學期間，我有許多機會參加比賽，並且認識了很多音樂上的朋友還有前輩，他們給了我很多機會，如果在高三畢業時我選擇去美國學音樂，現在的我絕不會有那麼多音樂工作的經驗和機會。但我相信如果當初去了美國，我音樂上的能力一定不只是現在的程度，因為那裡的音樂環境是台灣所沒有，我也希望自己在畢業後有機會去感受一下那樣的音樂環境。

準備好，機會就是你的

我一直都很慶幸自己在國中高中，付出了不少時間在吉他上面，並且是因為熱愛它而付出，當時的我並沒有規定自己每天要花多少時間、要進行什麼樣的練習，純粹就是想彈就彈，不想彈就放下，那是毫無壓力的，我認為在那個時期，我不停地在玩吉他（play），無形中培養了音樂性，學著去享受音樂。而現在的我則必須非常自律地練習

（practice），學習各種不一樣的曲風、技巧，就像我過去研究流行音樂、編曲、學電吉他一樣，隨時做好準備，因為我不知道什麼時候會突然來一個很好的演出、錄音機會，我必須在機會來臨時把握住它，然後表現自己。

但我還是會不停地去玩吉他（play）。大二時，有位前輩告訴我，練吉他（practice）跟玩吉他（play）是完全不一樣的兩件事，練習是一定會伴隨著痛苦，而玩是單純享受它，如果你問我是不是只需要不斷地練習，就能成為優秀的吉他手，我並不會那麼覺得，因為我認為練習跟玩的過程，是缺一不可的，練習是為了讓自己熟悉這項技能，而玩是讓自己能夠享受它，讓自己能在音樂之中得到自己想要的，可能是一種情緒（愉悅、悲傷或憤怒等等）或一種氛圍。一位優秀的吉他手並不會讓彈吉他變得像是例行公事，而是讓自己能夠享受其中，並且同時讓聆聽者有相同的感受，那才是好的音樂人。

最後，我認為最重要的是自律，在沒有學校，沒有教授，沒有課程，沒有作業，只剩下自己能夠監督自己時，自律就顯得格外重要，我必須自己找方法進步，不管是自己找同儕互相交流，還是自己找適合的老師去學習，都要每天督促自己不斷進步，我認為在台灣這樣的教育制度下，這是最難得的。我期望自己在未來繼續保持這樣的習慣，把握住所有機會，成為更好的樂手、音樂人，並且保持相同的熱忱，做出更多自己喜愛的音樂，也期許每個人都能夠找到自己所喜愛的，而且做自己喜愛的。

走在自己的路上

資管系
林楷翊
延平中學畢業

我是林楷翊，畢業於台北私立延平中學，目前就讀台大資管系四年級，我覺得之所以會走在這樣路上，是因為以下三個故事。對於現在正在閱讀的你，希望我的故事能夠或多或少給你一些啟發。

追求自己有興趣的學問，永遠想要更多

我就讀的是台北私立延平中學，過的生活其實和其他高中生沒什麼不同：社團、打球、念書，但私校對課業有異常嚴格的要求，一學期有四次段考加四次週考，每兩個禮拜要面對一次大型考試。這樣的環境之下，學生多多少少會培養出一種成績凌駕於所有

事情之上的態度，正如當初的我一樣。

考上大學後，我渾渾噩噩地過了一年，有天突然對於自己過的生活感到迷惘：為什麼我需要學這些？考試解出來這些問題對我有什麼幫助？學了這些能夠做什麼？

因為開始對於學習這件事有些迷惘，所以大二時便努力尋找實習機會，一方面希望能夠找出學習的意義，一方面想要測試自己在資管方面的能力。很幸運地，當時有一家公司願意雇用我當資訊實習生（因為一般的企業不會收大三以下的學生進入公司實習），並在那時候開始接觸微軟的ＡＩ應用。我從中收穫了許多，更發現自己非常沉浸於撰寫程式的過程，覺得自己能利用程式讓社會有更好的進步，而這個發現，深深地影響我往後的學習歷程。

漸漸的，我開始從實作的經驗中了解到系上基礎科目的重要，也對於所學的內容抱持更多的熱忱，心境慢慢從「念書能過就好」變成「渴望汲取更多」。很慶幸自己所念的大學科系和興趣相符，讓我不論在課業或是實習上都有動力往前邁進。這兩年心境上的轉變，讓我得到了啟發：「先了解自己，找出為什麼，學習會有更好的效果」。

在此也分享一位高中同學的故事。那時班上大概有一半同學都將自己的志願擺在醫學系，但其實很少人知道「為什麼要」，只是單純覺得分數到達門檻而已，而那位同學也在指考後考上了台大醫科。然而，大二時我卻聽到他重考的消息，理由是他對於醫學系根本毫無興趣，最後輾轉再考上台大電機，重新當大一生並享受電機系所學的東西。

這也是目前大多數學生所遇到的問題：對於未來都沒有想法，但是又不敢去冒險看看更多可能，反而從現有的選擇中挑選一個最符合大眾期望的走。我認為當我們還能選擇，應該先了解自己想要的是什麼，發掘自己的興趣後，就選擇自己想要的路，真的不喜歡讀死書，也可以去看看專科學校或是工作，別只是想要變成他人眼中期待的你，而弄丟了原本的自己。

重聽找上門，讓我學會珍惜所擁有的

我曾經不是個體貼、會為他人著想的人，直到一件事情發生，那是我人生最大的低潮。

高中時參加的社團是吉他社，擔任吉他手以及鼓手，然而因為吉他社中鼓手不足，我一肩扛起了許多歌的鼓手位置。為了練習，一下課我就會衝去練鼓室瘋狂練鼓。這種生活維持了很長一段時間，直到成果發表結束後，才回歸好好念書的學生身分。

上大學後，我開始覺得耳朵怪怪的，起初到診所就診，醫生說是因為過敏才會塞住。後來我去醫院做檢查，醫生卻說我重聽了，並且嚴重到需要助聽器才能正常生活。那時恰逢被前女友提了分手，一切就像是被宣判無期徒刑一樣，我對於生活中周遭的事都意興闌珊，未來好似一片黑白。

我心裡不停的反覆思考著：為什麼是我？低潮了一陣子後，我和爸媽談開了這件事，他們告訴我：你已經很幸福了，多去想想你所擁有的一切。我開始思考我還剩下什麼，發現其實我擁有了很多：永遠會挺我的父母、身邊的朋友、不錯的身材、還可以的頭腦。我周遭的朋友也給了我很多能量，讓我重新振作起來，去面對生活以及我的耳朵。

這件事之後，我更珍惜現在身邊所擁有的人、事、物，感謝自己能擁有這麼多的幸運。於是我開始想要做更多事：讓自己在行有餘力時，能夠幫助其他人，讓社會更美好。這也是我後來會開始進入太陽能產業的原因之一。

做好準備，等運氣來敲門

對我來說，我現在的人生組成是三分能力加上七分運氣。從小夢想的就是創業，但從來沒想過，我能這麼快成功。

大三時，我在一個創業學程中認識了一些人，起初是因為其中兩個人對太陽能都很有興趣，所以我們組成了一個團隊致力於這方面的專案。過程中，我們慢慢開始把這件事當作生活的重心之一，對這個產業有更深的了解，我們也漸漸釐清想做的事情：讓所有人都可以進入再生能源的世界，一起為地球盡一份心力。

我們開始走訪台灣，到各個不同的地區推廣再生能源。一路上遇到了許多困難，包括法令、太陽能建造限制等等，甚至許多台灣人都對綠能抱持懷疑。我們不斷尋求解決方法，期待能找出一個完美答案。無數貴人給予我們的幫助，讓我們不畏挫折繼續往前邁進，並在去年五月成立了一間公司。

於是，現在很多人遇到我都會誇讚說：『這麼年輕就開公司喔！』『很厲害。』等等，但大家也必須要明白，在走到這一步之前所付出的心力可能比你想像的更多。犧牲了自己的課業及娛樂時間去做許多調查、訪談、技術執行。若不是我們對於太陽能產業有夠深入的了解，做足了功課，我們所遇到的那些人真的會願意和我們交流、甚至提出建議嗎？答案似乎是否定的。

對我來說，威爾．史密斯（Will Smith Jr.）所主演的電影《當幸福來敲門》（The Pursuit of Happyness）就是現實社會的縮影，也和我一路上的心境非常像。若是沒有經過一定的努力與準備，當運氣來臨時，也未必能夠有實力掌握它向前衝。

最困難的，是從領導自己開始

電機系
藍珮瑜
北一女中畢業

我是藍珮瑜，畢業於北一女中，目前就讀台大電機系四年級。我總想，每個人或多或少都渴望被了解，也渴望能更了解自己，不論是有意識或無意識的，因為在人生的路上，每個人都有各自要克服的困難，也都要想辦法越過無法輕易跨越的高山與低谷，我總覺得如果一個人一點也不認識自己，那麼他的人生會很灰暗，沒辦法成為自己眼中最美好的樣子。

自有記憶以來，我總認為自己探索自我的渴望一直比別人多了一些：

為什麼——理智上覺得自己做得不錯了，內心深處卻總覺得還不夠？

為什麼——我總是在抱怨自己不喜歡念書，卻還是那麼拚命地念書？

為什麼——一個人時會感到寂寞，但在一群人的陪伴下更是孤獨？

為什麼——我有一種全世界都活在另一個世界的感覺？

我總是在問為什麼，也總是不滿足於父母、老師給的答案。內外在的矛盾，讓我十分痛苦，覺得自己聰明又愚蠢，有自信又時常貶低自己，安慰別人的同時內心卻感到極大的不安。然而我愈是想把自己分類，愈是覺得混亂，就像是一直在黑漆漆的隧道裡走著，看不見盡頭，無助又恐懼。

印度行化解我內心的恐懼和寂寞

當我試著去談論這些感覺，大都會得到「別想太多」或是「你應該對自己好一點」之類的建議，我覺得很無助，因為這些事情我都知道，只是做不到。進入大學後，為了消弭恐慌感，我時常攬下遠超過自己能力範圍的事情，往往只換來身心俱疲後無盡的空虛，然後就做更多的事情來填補內心的窟窿，卻發現沒有填滿的一天，仔細去傾聽自己，只會聽見恐懼和寂寞是多麼嘈雜，令人難以忍受。我好想逃離這一切，想逃離無盡地燃燒和不斷吞噬我的焦慮。

後來我去了印度北邊的城市——昌帝加爾。四十天中遇到各式各樣的人，像是冒著生命危險深入戰區運送物資的阿富汗醫生、透過旅行尋找靈感的英國設計師，以及家境貧寒卻熱愛上學的小朋友，這些人渺小卻真實，平凡而溫暖。在印度各種前所未有的體驗讓我感覺重新活著，若過去一直處於低谷的狀態，這趟旅行便是一座小山，讓我看見了如畫的風景、人性的善惡，也感覺內心十分平靜，這也成為了我繼續走下去的原因，那便是為了看見更多世界中美麗的事物。

在低潮的日子裡，我會想著印度的回憶，看看身邊努力的大家，鼓勵自己低落的狀態只是暫時的。每個專業領域都必須投入大量精力和時間，沒有所謂比較輕鬆的工作，只想要光鮮亮麗的部分，是一種不切實際的幻想，雖然有時低谷會持續很久，但都是在為了下一座山頭做準備，重點是夠不夠渴望，能不能付諸行動，有沒有毅力把三分鐘熱度延長到十分鐘甚至好多年。

上天怎麼只給我一個會考試的腦袋

然而我自知長期活在巨大壓力下，卻對於這樣的現象束手無策，那就像是不斷在和內心的另一個我對抗一樣，負面的我懷疑自己，理性的我只能憑藉總有一天會好轉的想法支撐著生活，終於有一天，我徹底被自己擊倒。椰林大道旁的傅鐘底下寫著傅斯年校長對台大學生的期許：「一天只有二十一小時，剩下三小時用來沉思。」我卻每天都用三個小時來哭泣，哭累了便睡，醒了繼續哭，世界上有許多比我更悲慘的人都更堅強，我沒有資格失控。但愈是這樣想，哭得愈是厲害。

快樂的回憶是悲傷的，一切都失去了希望，上天雖然給了我一個會考試的腦袋，但從沒教會我怎麼傾聽自己以及處理情緒。當內心的矛盾已經大到不能再大了，事情似乎糟到不能再糟，一切都停擺了，我好像在一瞬間看到自己在乎的，不是成績或是以後會賺多少錢，而是那些愛我的人，他們一定也不希望我壓榨自己或強迫自己變成另一個人。生活停擺了一年，雖是很痛苦，但經歷這段過程後，才讓我開始接受自己，並且學會與負面的我和平共處。

走出大三的低潮後，我繼續尋找自己的價值，也想為世界帶來正面影響。大四面臨未來道路的抉擇，我曾經考慮繼續念電機領域的研究所，除了很喜歡同學和教授之外，自己也已經投資了四年的時間在裡面，而電機領域的出路多、待遇好，縱使工時長，但在別人眼中看來卻是一片光明前途。另一方面，我也思索著這幾年在服務性社團、偏鄉交流以及參與系上的實作課程和活動，雖然這些活動沒有人打分數，卻帶給我數不盡的快樂，比起待在實驗室，我更喜歡走出去與人接觸，於我，後者才應是澆灌我生命的必需品。

和人相關的議題其實比電機更能引起我的興趣，因為我能透過與人相處的過程來認識自己。身為電機系的學生，又正逢人工智慧火紅的年代，如何用工程觀點來解讀

「人」是我十分感興趣的問題，然而用數學模型來解釋情感，許多元素將因而被捨去，我不擅長、也不願用這種方式去理解世界，而這說明我的思維模式並不適合做電機研究，沒有優劣，只是不適合。工程思維和人文思維這兩者沒有牴觸，也都十分重要，只是每個人都會更偏向其中一種角度來思考，另一種角度則作為輔助。

再崎嶇的道路也要堅持走下去

就在不久的後來因緣際會接觸了特殊教育，可以實際參與一些專案，讓我漸漸覺得不那麼孤單，也透過各種對話，慢慢接受腦中負面的聲音會一直都在，我只是必須學習如何面對它，擁抱自己而不是責備自己，家人和朋友的支持也給我莫大的鼓勵，這些足夠驅使我往前努力學習。

跨領域對我來說是更大的挑戰，由於深感在教育領域的知識淺薄，反而會加倍努力。電機四年的訓練，使我能夠為這個以教育為主體的場域注入不同的觀點，期望能用工程技術來解決問題。我覺得自己是很幸運的，這些事情並沒有使我比其他人晚一步，因為學習認識自己是非常重要的過程，也是最適合在大學期間做的。我非常喜歡系上教授曾用梯度下降的原理來譬喻人生：「人在每一個時刻都只能基於現有資源做出當下的最佳選擇，回頭一看，起點和終點往往不是直線距離，但對每個個體而言那確實是最佳路徑。」以此作為勉勵，也獻給每位正在閱讀此篇故事的你，人生的道路峰迴路轉，再崎嶇都是屬於自己最獨特最有價值的經驗，再痛苦都是為了走到下一座美麗的山峰，唯一要做的就是不斷地走下去。

拿好自己的羅盤

圖資系
陳家荷
武陵高中畢業

「如果當時能夠那樣的話就好了！」我想這是在每個人一生中時常浮現於腦海的對白。回首過去，總希望自己能夠選擇更好的路。然而生命不能重來，每一個當下都在為未來做選擇。在這個當下，如果要在懊悔過去或奮鬥未來中做選擇，現在的我會毫不猶豫地選擇後者。

我是陳家荷，桃園土生土長，喜歡嘗試各種新鮮事物，卻總是因為想很多而裹足不前。畢業於武陵高中，現在就讀於台灣大學圖書資訊學系四年級、輔修經濟學系與知識管理學程。

活躍卻空虛的大一生活

圖書資訊學系主要分為兩個領域：圖書館領域以及資訊領域。總和起來，科系的核心是：如何將資訊有效能地組織起來，並讓它們有效率地被使用。因此，除了圖書館員這個明確且被誤認的唯一出路外，圖資系的知識就像是一個工具箱一樣，能夠運用在任何一個領域。這也是為何圖資系非常鼓勵學生雙主修、輔系或是選擇學程去擁有第二專長。

上大學前的我什麼都不懂，如何選課？如何申請雙主修、輔系或學程？當時的我告訴自己：先盡量多方嘗試，之後再做抉擇吧！因此，沒有仔細研究、計畫未來，我將自己投入各種活動、校隊練習、二十四學分的忙碌生活中。充實的大一轉眼即過，當身旁同學都信心滿滿地準備申請轉系、雙主修、輔系時，才赫然發現忙碌快速的生活，並沒有幫助我好好吸收課業的知識，也沒有讓我知道未來要幹嘛，反而給了我逃避面對畢業後未知未來的藉口。

憑著好勝心及還不錯的成績，我投了政治系國關組、經濟系的雙主修。但因為雙主修經濟系需要修過該系指定的課程，沒有及早規畫讓我失去雙主修經濟的資格，最後獲得了雙主修政治系國關組及輔系經濟系的結果。但此時我卻困惑起這樣跟風的行為到底是為了什麼？我根本不知道自己想要什麼，卻因為大家都在申請，所以就跟著申請，到頭來擁有雙輔的資格，並不代表未來就清晰起來。帶著「一切都太晚了，只好硬著頭皮繼續」的心態，大二，再次將自己投入忙碌生活，卻同時，更迷失自己，在停不下來的生活中，我找不到自己的步調，看似活躍，實則空虛。

大三停一下，誠實面對自己

「與其一直盲目地向前跑，不如停下來想清楚」。大二下，一次偶然的機會與出國深造的高中同學聊天，他告訴我，與其盲目且馬不停蹄地向前衝，不如停下來，想清楚自己到底要走哪一條路。

於是，大三這一年，我不再參加各種活動，而把重心放在規畫未來以及充實自己當中。不埋怨過去埋頭猛衝的自己，我選擇站在當下的立足點，去思考自己還能做什麼改變，讓自己能夠慢慢走向喜歡的道路。因為一直以來，我只是不斷的擴張寬度，卻忘記要向下探詢深度，所以，我決定在現有選擇當中，往下拓展深度，再從中選擇。這一年，我朝著三個面向——研究、親身體驗與深度——往前走。

從朋友口中，我了解了許多國外大學，在教學環境、選課方式、課程設計、未來發展計畫等層面與台灣的不同，才發現自己一直侷限在狹窄格局中。所以我決定用一年的時間，遠離原先加速狂飆的生活，放慢腳步觀察不同國家、民族與文化的生活、學習、工作方式。設定好「出國交換」這個目標後，我考了托福、搜集不同學校的教學模式，也修習第三外語，關注國際新聞，了解時事變動與自己即將面對的文化生活差異。

大學課程中，我們不斷汲取一個領域的專業知識，然而，兩年過去，我依舊不了解圖資系要做什麼，走圖書館這條路，面對的工作環境、內容和生活品質是什麼？走業界這條路，又會面臨什麼？設定「實際參與圖資相關工作」的目標，我在大學圖書館工讀，真正體驗作為大學圖書館員會有的工作內容、環境與生活。另一方面，資料庫外商公司的實習，讓我更了解其工作形態、待遇及可能有的生活品質。除了自身經驗以外，朋友、學長姊的分享，都讓我對曾經的疑惑有真實的了解，也讓我在計畫未來時，能根據真實正確的了解做選擇。

在荷蘭語課關於荷蘭的主題報告中，透過同學介紹，我接觸了「循環經濟」這個領域。由於自身對於環保、永續發展的興趣，我開始挖掘這個領域，設定「深入了解循環經濟」的目標。透過荷蘭大學的免費線上課程、議題新聞，以及台灣循環經濟基金會的資訊，了解其核心概念以及和永續發展之間的連結。

當我踏踏實實地面對自己不斷逃避的未來，設定不同目標，加深現有面向的深度，有了真實體驗與了解後，才能對選項做分析與選擇。

亡羊捕牢，未為遲也

大學四年到現在，有兩個很重要的體悟讓現在的我改變許多。首先，剛進入大學，會有很多繽紛有趣的事情等著你去體驗、追尋，而我也不是要告訴大家不要玩、不要參加活動，而是在最一開始的時候，就要拿好羅盤，這樣再怎麼走也不會迷失方向。儘管四年看起來很久，但是許多事情若想完成，必須在一開始就有所規畫。擁有羅盤的意思，並不是說一開始就要有明確的目標（因為只有極少數人能做到），我的意思是：擁有大致的方向感，並且了解往這個方向走下去的遊戲規則。

舉例來說，當你心中冒出「這個滿有趣的」，或是聽到學長姊分享以後你覺得「這可能是我需要的」，這時就該對這些東西去搜集資料，而慢慢了解的過程中，你會確信它是不是真的有幫助、自己是不是真心想要，確認了之後就設立目標，目標可大可小，但是必須要有小計畫去達成這個目標。像是：我想要雙主修、多一個技能，對未來工作上應該會有幫助。此時，需要再思考，我的專業是什麼？而我第二個專業又可能是什麼？是與我的專業互補、增強，抑或是純粹有興趣或熱情的領域？條列以後，要了解這些領域的雙主修資格是什麼，因為一旦錯過，要再朝那個方向前進就更困難，需要更大的勇氣與熱情去完成。了解遊戲規則、握好自己的羅盤，才不會輕易迷失方向。

此外，多選修外系的課，有機會體驗不同教學方式以及知識，更能幫助找到未來的方向。以我的經驗來說，圖資系屬於團體報告多於考試、理論與實際經驗並重的科系，然而經濟系則較多考試，重視理論、計算與預測，必須有清晰的邏輯。兩者的上課氛圍、課程與作業設計、想要培養的能力截然不同。在圖資系，我訓練自己團隊合作、上台發表、實際操作運用的能力。而在經濟系，我訓練自己以理論、算式去推算實際經濟事件與邏輯推演的能力。其實現在大學愈來愈開放、網路發達，像我尋找循環經濟的線上課程一樣，當你真的想要去了解一個領域的知識時，只要你願意努力，永遠都不嫌晚。

問自己：想過什麼樣的生活

第二件事是我在真正開始思考及執行各種嘗試時，對於未來工作的體悟。一開始的我糾結於到底應該做什麼工作，怎麼樣才能在親戚好友問起時，抬頭挺胸地回答。在持續糾結與困擾後，我發現與其著眼在「什麼樣的工作」，不如先反問自己想要「什麼樣的生活」。

因此我透過工讀、實習與學長姊經驗了解工作內容與環境，也對於這些工作能夠提供的生活形態、品質有了更深入的認知。例如：圖書館工作擁有穩定收入、沒有高壓與經常性加班生活，也可以有完整週末陪伴家人與擁有自己的時間。而外商工作，相對來說擁有較高收入，工作挑戰性與壓力也較高，所以下班時間與週末可能會被犧牲。而在了解與反覆思考後，我知道自己比較想要「有足夠時間陪伴家人與做想做的事情」的生活。

這些對於生活的選擇並無好壞，單純以「自己」為出發點：十幾二十年後，想要擁有什麼樣的生活？再根據想要的生活去找到適合的工作。除了以生活為出發點外，也不要再只把未來放在科系上，而應該找到一個喜歡的主題領域，再把所學的專業運用在該產業領域當中。像是我發現自己對於「循環經濟」很有興趣，我便思考以我現在所擁有的能力，可以在這個領域找到什麼工作，需要再進修什麼技能與知識，才能有更好的發揮。

從一開始的逃避、埋頭向前衝，到後來緩下腳步，踏實設立目標，一個個達成。這些過程中的反思與轉變，都是源自於我開始不再逃避「面對與了解自己」，努力嘗試了解並接受自己的狀態，因為當你開始去了解並接受現在的自己，才有機會對不喜歡的部分做出改變，並對未來更有想法。

世代間的鴻溝：如何溝通與探索

歷史系
楊勝斌
高雄中學畢業

歷史的學習帶給我最深刻的感觸，便是世代之間對於教育的鴻溝，似乎缺乏了最重要的「關注」。我們是否理解父母與祖父母的世代所遭遇的困難？是否理解他們成長的背景與生命經歷？我們該以什麼思維、脈絡來體會父母對於我們人生規畫的建議？

我們的父母、祖父母見證了台灣從一九五〇年代左右至今的變遷與發展，他們可能經歷了農村、進口替代、輕工業、重工業、高科技產業，又從威權僵化活到了多元民主。在他們身上，累積了許多社會快速轉型所造成的創傷與壓力，譬如可能遭遇了「家庭」意義改變所導致的家庭革命、婚姻離異，抑或在缺乏對現代社會的認知中，思想有如古老的恐龍。這些創傷與壓力，可能會影響他們的價值判斷，進而影響、左右了下一世代的生涯。

選系的衝突

當初我明確表明我要讀歷史系時，父母立刻予以反對。他們要求我去其他科系，將歷史系「當作興趣」。在那一刻，我最困惑的是：我這十八年來的人格涵養與學習，究竟適合哪個科系？諷刺的是，意圖左右我未來方向的父母，對此給予的幫助非常有限。他們思考的是「如何引導孩子的未來，以拉升家族的社會階級」，而非找尋最合適的學習方法與模式。

為了說服我不選擇歷史系，他們立刻找了三位歷史系畢業的前輩，首先是位女公務員，這位學姊並沒有討論任何深刻的事務。再來是位政府人事主管，該主管認為讀歷史可幫助日常應答與談吐。最後是一位保險業務員，他認為歷史學的學術是龐氏騙局，且都互相把資料引來引去以拼湊出論文。筆者當初最大的疑惑在於，這三個從歷史系畢業的人，最終都沒有繼續待在這個領域，他們真的有下工夫去理解歷史學的精髓嗎？我父母對歷史系缺乏認知，所認識與此科系有關的人，也根本無法代表歷史系的思維方式，及對事物深刻研究的精神。

我認為這是由於他們所受到的教育，根本不足以讓他們鑑別各個科系之間在思維與方法論上的差異。他們僅能依靠自己認識的人對各科系有的模糊印象。他們認為自己的孩子讀法律、國企、財金會比較「成功」（賺大錢），但忽略了自己從沒對孩子在這些「比較能賺錢」的科系、領域上，給予任何有意義的見解。他們也忘記自己的孩子可能會不如預期，不一定會當上大律師、高階金融從業人員。

從理解出發，嘗試溯源

當與父母對談後，我發現祖父母與外祖父母給予他們的幫助、建議更少。我母親被外祖母告知「家裡沒錢」，於是就去念師專；父親對冷凍空調有興趣，去念高工，被告知「到時候可回家開冷氣行」。看來，我的父母願意「干涉」我的職涯規畫，我應當感激，畢竟他們被他們的父母放牛吃草，絲毫不被關注。令我倍感訝異的是，平日與孩子不怎麼深入溝通生命、向來在生命意義上的指導也很有限的父母，卻在選擇職業的那一刻突然介入。這顯示父母對孩子的關懷不足，才必須在重要時刻猛然登場，更沒有將對未來人生的思考，在平時就與孩子妥善溝通。

當家人不理解我的構想而發生衝突時，我會嘗試理解家人的經歷，並詢問他們當年在做選擇時，首要考量的價值與意義是什麼？這種價值與意義在現代是否還存在？以往的成功模式是否還能重複？他人的模式能否複製到自己身上？我認為生命既是由自己做選擇，必須替自己負責，而同時也會密切影響到周遭的家人與朋友。像我這類不顧父母要求、硬是選擇自己想念的科系的人，在親戚間立刻成為「不應當效法的對象」。親戚們明言：「楊勝斌那樣不能用在其他孩子身上。」言外之意是他們要替孩子做選擇。

終究獲得了諒解

最終，在科系的選擇上，父母選擇尊重我的決定。母親追憶道：「因為你問媽媽說：『難道我考高分，反而懲罰我不能選擇自己想念的科系……？』這句話讓我深深自省……我不能因孩子得高分而起了貪念，更不該拿孩子努力的成績來懲罰孩子……所以我才開始轉向……」

我並不認為上一代替孩子所做的選擇就是有錯，至少他們是真心希望孩子更好。然而，許多人忽略了言行一致、以身作則的重要性。譬如，他們自己可能沒有實踐求學、思考的精神，然後就要求孩子要考非常好的成績。父母替孩子選擇出路的初衷，可能是對行業前景的分析，對未來經濟收入的考量。父母也可能很忙，平日顧好家庭就已不容易，無法示範任何學習能力。這群從追求急速現代化的工匠教育中活過來的長輩，他們當年求學時的侷限、困境，大抵一點都不少於我們。現在，我從自家父母與親戚開始，便是以理解他們成長的背景為目標，每週、每月都溝通。此種溝通令人最感到疲憊的，便是難以抓到長輩們真正關心的要素，即便抓到了（譬如：經濟因素、學歷因素），也難以立即說服他們舊有的記憶、模式、印象已失效。

突然的挫折可能是轉變的契機

獸醫系
陳秉妤
師大附中畢業

我是陳秉妤，台大獸醫系四年級，我來自台北市，畢業於師大附中，也許是被附中自由爛漫的學風感染，我成了一個外向、不拘小節、做事喜歡照感覺、不喜歡被規畫綁架的人。

心中的第一志願從未改變

「台大獸醫系」這簡簡單單幾個字，從高中開始就被寫在我的書桌、筆記本、課本上，還有各種經常會看到的位置，就為了時時刻刻提醒高中的我為了夢想要更堅持、更努力才行，而它們到現在都還留著，每每看著這些曾經奮鬥、糾結的痕跡，總是會讓我回想起為了這幾個字努力曲折的那些日子。但誰不是呢？

沒錯，從高中開始，我的夢想一直都是考上台大獸醫系並且成為獸醫，我「窮盡一切努力」就為了考取心中的第一志願，不只是拚命努力念書、取得好成績，還參加營隊、上網找很多資訊，甚至也找了動物醫院實習，就為了更加貼近也更加熟悉這個職業，但命運總會戲弄人，學測成績的不理想讓我與最想要就讀的獸醫系失之交臂。沒有勇氣考指考和重考的我，便按照分數將就讀了一個其實自己沒有太大興趣、勉強可以接受的農藝系。現在想想，當時的我真是沒志氣也沒毅力呀，曾經被我雕刻三年的夢想輪廓，竟然就被一張簡單的成績單左右而選擇放棄。雖然剛入學時還抱著一定要轉系的雄心壯志，但隨著在系上交了愈來愈多朋友，參加愈來愈多活動，宿營、新生盃、辦營隊、之夜等等各種大大小小的事情，讓我漸漸感到麻痺，妥協於被分數決定的科系。在每個糾結的時分我不停告訴自己：「其實農藝系也很好，自己一定也可以念得來。」以此安慰那個沒有勇氣放手一搏的自己。

人的夢想跟毅力真的很不堪一擊，常常一個現實就可以輕易地瞬間擊垮它們。

失戀是我重拾轉回獸醫系的動力

在大學第一個學期的尾聲，正當我以為我的大學生活會持續安穩走下去時，竟然碰上了所有青春校園劇中最芭樂的劇情——當時遠距離的男友突然向我提了分手。原本的我是個很依賴男朋友、總是想花整個週末和他膩在一起的人，他是我整個生活的重心，我在感情上花了很多時間及精力，平日除了待在學校的時間外，就是在想他的事情，我雖不是第一次失戀，但是分手的痛總是沒有辦法靠練習而化解，每次仍舊那樣深刻清晰。從小到大，父母、老師都教我們如何念書、如何做事，但卻很少教我們面對挫折，更何況是感情的難題。

不知所措、以淚洗面、不願接受，成為了我分手初期每天上演的劇情。分手就像是對自己全盤的否定，我開始嫌棄自己、失去自信，開始不斷地檢討自己是不是哪裡做錯、是不是哪裡不夠好。在每日的自我懷疑還有自我否定輪番上演時，唯一能讓我短暫忘卻痛苦思緒的方法，就是準備近在眼前的期末考。我瘋狂的把所有時間都拿來認真念書，讓自己只有一點點時間可以沉溺在過去的回憶中。雖然表面上看起來只是一個讓自己分散注意力的手段，但其實也是源自於我的好強，我不想讓自己變得一無所有，沒了情人也沒了成績。我想證明自己一個人也可以過得很好。

寒假第一次點開大學學期成績時，連自己都嚇了一大跳，分數高得令人不敢置信。此際雖然我還沒完全走出失戀陰霾，仍舊一直委曲求全，卑微地想要求復合，但直到我發現對方的心中根本早已有了另一個女孩，只剩下我還停留在原地、苦苦守候這段感情，當下與其說是難過、憤怒、失望，更多的是驚醒。對方早已不在乎，我又何必只堅持他一人呢？我瞬間清醒了，同時也放下了，轉念一想，何不也趁這個契機轉變呢？於是我下了一個大學四年最重要的決定，那就是我決心要認真追隨曾經在心中發酵三年的夢想——我要轉獸醫系！

「不斷地念書、不斷地忙碌」成為了我大一下生活的代名詞。我盡我所能的完美地完成每一件事，也終於獲得了電影中的完美結局，成為了獸醫系的學生，更讓人欣喜的是我仍抱著熱情持續到今天。

分手對很多人來說就是件痛苦的事情，但轉個念，它也可以是助力，幫你走向以前不曾走過的地方。

時間洗滌悲傷，轉身奮起

曾經墜落於深淵的我，也是這樣一步一步咬著牙慢慢走過來，過程崎嶇顛簸，並不是那樣堅定順遂。曾經也幻想失去的感情會有回來的一天、曾經以為乖乖聽話故事就會照著心中的劇本走、也曾一股傻勁地付出卻沒有回報，多笨的事情都做過了，幸好時間仍舊帶來了最好的禮物。它洗滌了我最深層的悲傷，雖然也有覺得自己倒退的時分，好像變得脆弱、沒那麼勇敢了，但那就像復發的舊傷，學會了與它共存後，時間最終還是帶我找回了最完整的自己。

現在回頭看到過去的我，真的覺得很傻很讓人心疼，但幸好我做出了對的選擇，才能讓現在的我不後悔、不遺憾。

這不是什麼激勵人心的厲害故事，畢竟我也從沒想過一次痛苦的失戀經驗，竟也可以對自己有這樣正面的影響，這些從來都不在我的規畫之中，我認為重要的是，不論何時都相信自己的感覺吧！我不是個擅長做長遠規畫的人，隨時做好萬全準備，然後就跟著自己的想法和直覺走，失敗了一次也沒關係，也許只是缺乏適當的契機跟足夠的動力，當下次又遇到適當的機會時，不要輕易讓它溜走，而遇到傷心難過的事時，可以想想這段我曾歷經的故事，或許可以讓你感到不孤單。我曾踏上與你相同的道路，雖道阻且長，但慢慢來，因為在那些失意後獲得的養分，總有一天會帶你看到坐看雲起時的微光。

曾經我以為夢想大概永遠只能是夢想了，但就在終於勇敢踏出腳步後，才知道只有自己能決定夢想究竟能變成什麼樣的形狀。

當個拓荒者——夢想與科系是兩條線

護理系
王奕勻
台中女中畢業

你的工作記憶（working memory）即將暫存一個片段：一位不知道自己頭腦在想什麼的人用行動體現瘋狂，或愚蠢。台中豐原是我的家鄉，從台中女中畢業後，轉眼已護理四。我有個爸媽用心取的名字，王奕勻，神采奕奕、發展均勻。面對新的事物，我常以專注、好奇的心探索，並酌量涉獵所有認識的面向。

非念書則看電視的國小時期，即便各類型來者不拒，觸人心弦的莫過於幾部行醫系列的大愛劇場電視劇、以偵案為主軸的影集。我忘了當時是否知道醫學系是個極高的目標，亦不確定那小腦袋是否了解醫學與偵案的關聯。或許是羨慕那份帥氣、俐落、受人景仰，或許是被醫病雙方的關係感動，我在小五的日記裡鄭重聲明我想當醫生。如今回想，盲目勢必多過了解。不過，孩子的權利就是做夢吧！

一路順遂地進入高中的我仍帶著這個夢。母校的氛圍與教育使我長成一顆願意動的腦、一張不怕問的嘴、一雙好實作的手、一個拓荒的人，善用我一概通吃所得之材料，慢慢建構一條可嘗試的小徑。參加模擬聯合國會議、資訊奧林匹亞志工打開我的眼界，透過醫學營、到蒙古和急診室當志工則確立我助人的志向。大考之戰倏忽來臨，我自以為身著刀槍不入的戰袍，雖非遍體鱗傷，卻明顯地必須向白色巨塔投降。

若說臨床醫學提點我生命至關重要的課題是那從不在我的腦中、不可預期的事，那宇宙萬象便支持我不斷開創且容納各種可能。醫療現場不乏意外，如何陪伴個人及家庭渡過乍現的難關是醫護人員專業所在，而我也以此借鏡，時時準備自己以面對不可知的未來。國中公民老師的提點：「一加一小於二，不合理但存在」，使我認知到不論自己評為好或壞、喜歡或厭惡的事物，都在世界存有一席之地。即便志向遠大，想有意義地活，不可測的事之多，使我有感「活」應為夢想的前提，而宇宙既容納我使我活，我便以容納一切報以宇宙。「不為什麼活，因活著而努力且豐富地活」成為我的價值觀，使我對生命中所遇都認真看待，盡力開發所有可能；形塑我面臨抉擇時的權衡標準，使我優先執行限制較多的選項，把其他選擇安排在將來。

興趣愈探索愈清晰

學測之後，我詳讀大學個人申請入學簡章，畫出明顯有興趣且有機會錄取的學系。同時粗略列出腦中想法：我想當醫師、法醫、我想更了解哲學、我喜歡英文、我覺得在國外念書很酷。不論職涯或求學，我因學校講座發覺更多條路，針對上述想法探查各種可能規畫，例如醫師養成尚有學士後學位、法醫教育僅有研究所、哲學書籍市面上不乏、語言學習管道眾多、交換或研究所離開台灣的機會很大。後面三者不急，前面兩者急不得之下，大學學系探索量表幫了大忙。初聞測驗結果時不以為意，填學系時微妙感油然而生：最適學系一護理，二醫學。繼續拚指考的聲音不少，但高三時光絕無僅有，大考則年年上演，既有學校可讀，何必執著。我把近四個月長假奉獻於畢典、陪伴指考戰士、醫學營，並在同學邀請下以拜訪醫生及醫院為由火車環島。

背負前輩們的勉勵重回課堂，大一基礎科學過渡到基礎醫學後，二下進入臨床實習。適逢醫學生聯合會召集相關科系組成世界衛生大會台灣青年團，我有幸化身為海綿吸取公共衛生經驗豐富的學長姊和老師們的養分。接著順應對實習的狂熱，利用大三寒假至某東部醫院短期見習。當年靠一封手寫信，訪談國小所見電視劇中的主角醫師，這次仰賴一封電子郵件，承蒙醫師在急診、門診、手術室的指導，且見識社區衛生護理的居家醫療、護理、安寧等一系列長期照護服務內容，更體驗非處處皆有的巡迴醫療。如今護理師國考成當務之急，各醫院的徵才考試與面試亦熱烈進行。曾經在夢想中蹦跳的孩子，大學一路走來這四年，我到底在想什麼？

對志向的愛可以有很多

「你到底愛不愛護理？」我絕對拍胸脯保證說我愛，但認識我的人可能會發現我很少會對類似的問題說不愛。我嘗試把領域與食物種類互相比擬。食物種類繁多，我愛的也多，我愛什麼跟我每餐吃什麼不絕對相關，我不會永遠吃某種食物，攝取過多或頻繁都會膩，我需要不定時變換種類。那種膩並非再也不想碰它，只是曉得繼續吃下去將有好些時間不會主動想起它，所以先吃別的。隔陣子再吃，你發現你還是愛吃這樣東西。你可以說我不夠專一地愛護理，但你得斟酌我是否不夠愛護理。

帶著對醫學知識嚮往的心態進入護理，起初我尚無法分辨對護理有何感受，直到臨床護理開始後才產生深刻的體會。護理師的知識需求不亞於醫師，不過在確立診斷、開立醫囑、安排檢驗或治療、執行侵入性檢查或治療等方面，與醫師有既定分工，因此有不同養成過程。然而，實際醫療場域中，唯有護理師與醫師及其他醫療人員互助合作，病人才能獲得最好的照護，因此在詳細觀察與評估病人後，判斷醫師的處置是否恰當亦是護理師的職責。自主意味著肩上的責任，沒有扎實基礎談何獨立，不斷精進自己是不二法門，蒐集資料及語言能力成為影響因素之一。

護理除了汲取知識，我心中理想的角色更需培養一種特質，我八股地稱之為奉獻的心。老實說我不知道如何培養，但若你想像病人是你生命中最重要的人，真正想為他做點什麼，就可從揣摩病人的感受，去認真體會病人的心態，造成行動的轉變。我相信此特質將幫助你自然而然做到一位護理師被他人期待的付出，且不會輕易因他人的言行影響你的付出。填志願至今，辛苦、環境惡劣等詞彙聽了不少，但想做的事如何阻止得了？曾拜訪的醫師，雖感慨醫療糾紛，做好心理建設、存好錢，仍努力救人。改變現況的方式眾多，我選擇以身作則展現自己期待的互動。

倘若你對自己正在做的事感覺厭惡且不想繼續，換個口味吧。或許把日復一日不甘願的付出，轉為花點時間與人交談、參加活動，在密集碰撞中更可能達到有效碰撞，開拓嶄新的生活。投入社團、參加會議與營隊、四處當志工或工讀等，若是列出細節，我做過太多令人匪夷所思的事了，正因這些看似徒勞無功的事，讓我意外獲得更多機會與可能，且對未來規畫產生密密麻麻的想法，誰知道走著走著，我會不會就踏上那條夢寐以求的路了呢？

當時做大夢的孩子，如今不在意被笑怪或傻，只管帶著這顆腦、這張嘴、這雙手，精神奕奕地持續向生命的曠野前進。這片段或許在你的海馬迴繞著繞著就迷路在某處，然而就像某些令人匪夷所思的投入，在適當的時機或許它會為你貢獻些什麼。

國家圖書館出版品預行編目（CIP）資料

想說的話，輕輕說：送給台灣高中生的一份特別禮物／陳冠儒等合編.
-- 初版. -- 台北市：商周出版：家庭傳媒城邦分公司發行, 民108.06
面；　公分 --

ISBN 978-986-477-675-7（平裝）

1. 大學生　2. 生涯規劃

525.619　108007795

想說的話，輕輕說

送給台灣高中生的一份特別禮物

計畫發起暨總召集人／陳冠儒
計 畫 團 隊／李慈萱、許雅琦、劉若鏡、林唯中、吳佳珮
責 任 編 輯／張曉蕊
協 力 編 輯／Monica
校　　　對／呂佳真
版　　　權／黃淑敏、翁靜如
行 銷 業 務／王瑜、莊英傑、周佑潔

總　編　輯／陳美靜
事業群總經理／黃淑真
總　經　理／彭之琬
發　行　人／何飛鵬
法 律 顧 問／台英國際商務法律事務所
出　　　版／商周出版
台北市中山區民生東路二段141號9樓
電話：(02) 2500-7008　傳真：(02) 2500-7759
E-mail：bwp.service@cite.com.tw
發　　　行／英屬蓋曼群島商家庭傳媒股份有限公司　城邦分公司
台北市104中山區民生東路二段141號2樓
電話：(02) 2500-0888　傳真：(02) 2500-1938
讀者服務專線：0800-020-299　24小時傳真服務：(02) 2517-0999
讀者服務信箱：service@readingclub.com.tw
劃撥帳號：19833503
戶名：英屬蓋曼群島商家庭傳媒股份有限公司　城邦分公司
香港發行所／城邦（香港）出版集團有限公司
香港灣仔駱克道193號東超商業中心1樓
電話：(852) 2508-6231　傳真：(852) 2578-9337
E-mail：hkcite@biznetvigator.com
馬新發行所／城邦（馬新）出版集團
【Cite (M) Sdn.Bhd. (458372U)】
11, Jalan 30D/146, Desa Tasik, Sungai Besi,
57000 Kuala Lumpur, Malaysia
電話：(603) 9056-3833　傳真：(603) 9056-2833

內文設計排版／黃淑華
印　　　刷／鴻霖印刷傳媒有限公司
總　經　銷／聯合發行股份有限公司
電話：(02) 2917-8022　傳真：(02) 2915-6275

■ 2019年（民108）6月初版
ISBN 978-986-477-675-7

Printed in Taiwan
城邦讀書花園
www.cite.com.tw

定價350元